Marvin J. Besteman mit Lorilee Craker

**Meine Himmelsreise**

Über die Autoren

*Marvin J. Besteman* (1934–2012) absolvierte das Calvin College, diente in der amerikanischen Armee und war vor seiner Pensionierung Präsident einer Bank. Während seiner letzten Lebensjahre sprach er oft über seine Erinnerung an den Himmel. Zusammen mit seiner Frau Ruth hat er drei Kinder und vier Enkelkinder. Im Januar 2012, nachdem er die Arbeit am Manuskript des vorliegenden Buches abgeschlossen hatte, kehrte er endgültig in den Himmel zurück.

*Lorilee Craker* ist Co-Autorin dieses Berichtes und Autorin zahlreicher weiterer Bücher. Außerdem veröffentlicht sie immer wieder Interviews mit Prominenten und Musikern. Sie lebt in Michigan.

Marvin J. Besteman mit Lorilee Craker

# meine Himmelsreise

Was ich erlebt habe und
wie es mich verändert hat

Aus dem Amerikanischen von Beate Zobel

GerthMedien

# Inhalt

# Einführung

Vor sechs Jahren durfte ich einen Blick in den Himmel werfen, der mich für immer verändert hat. Ungefähr eine halbe Stunde verbrachte ich am Tor des Himmels.

Während meiner kurzen Reise sah ich liebe Menschen wieder, sah Babys, Kinder und Engel, erhaschte einen Blick auf den Thron Gottes und das Buch des Lebens. Außerdem durfte ich mich mit dem Apostel Petrus unterhalten, der ziemlich robust aussah, so wie man sich einen typischen Fischer vorstellt. Er war immer meine Lieblingsperson in der Bibel gewesen.

Zunächst war ich entschlossen, niemandem von meinem Erlebnis zu erzählen. *Ich selbst* wusste, dass es wahr war und es sich weder um einen Traum noch um eine Halluzination gehandelt hatte. Aber alle anderen würden vermutlich an meinem Verstand zweifeln, wenn ich ihnen schilderte, was ich im Jenseits gesehen und erlebt hatte. Das wollte ich mir ersparen, zumal Menschen in meinem Alter ohnehin schon unter Verdacht stehen, nicht mehr ganz klar zu sein.

„Warum sollte mir irgendjemand diese Geschichte glauben?", fragte ich mich. Also verlor ich darüber kein Wort und ärgerte mich im Stillen vor allem über die Tatsache, dass ich wieder zur Erde zurückgeschickt worden war.

• • •

Bis Gott mich eines Tages deutlich ermahnte, endlich meine Geschichte zu erzählen. Ja, er sprach hörbar zu mir, und auch wenn seine Aufforderung nicht mit „Sonst gibt's ..." endete, war mir klar, dass ich lieber gehorchen sollte. Offensichtlich wollte Gott, dass ich anderen Menschen mitteilte, wie es im Himmel ist.

So begann ich in Trauer-Selbsthilfegruppen, Gemeindegruppen, bei Einzelpersonen und bei jungen wie alten Menschen, meine Geschichte zu erzählen.

Meine geistlichen Leiter und mein Pastor hatten den Eindruck, dass mir etwa zwanzig Prozent der Zuhörer keinen Glauben schenkten. So sind wir Menschen nun einmal: Alles, was sich nicht beweisen lässt, wird infrage gestellt. Aber ich vermute, es waren eher zwei Prozent, die meine Geschichte nicht glaubten, als zwanzig.

Vielleicht spüren die Menschen, dass ich kein Schwindler bin. Ich habe holländische Wurzeln und denke von daher eher sachlich-nüchtern. Dazu kommt, dass ich von Beruf Banker war. Ich liebe es, mit klaren, eindeutigen Zahlen und Prozenten zu arbeiten.

So oder so, ich habe den Eindruck, dass die meisten Menschen mir meine Geschichte abnehmen, wofür ich dankbar bin. Es gibt zwar auch einige, die meine Erzählung als Hirngespinst abtun und meinem hohen Alter zuschreiben („Der Alte hat wohl schlecht geträumt!"), aber ihre Vermutung stimmt nicht. Ich habe noch alle Tassen im Schrank (auch wenn meine Frau Ruth hier widersprechen würde. Sie würde eher behaupten, ich hätte noch die *meisten* Tassen im Schrank ...).

. . .

Ich hoffe, die Leser werden mir glauben. Doch selbst wenn nicht – ich habe den Auftrag, diese Geschichte aufzuschreiben und zu berichten, was mir am Abend des 28. Aprils 2006 widerfahren ist. Damals gab Gott mir als altem Opa das Vorrecht, einen Blick in den Himmel zu werfen. Dieser übertraf alles, was sich mein Bankerherz je erträumt hatte.

Und der Gott, der mir den Auftrag gab, dieses Buch zu schreiben, der hatte auch Sie vor Augen, als Leser der Geschichte. Ihm ging es darum, dass Sie beim Lesen ins Staunen geraten und Trost und Sicherheit finden. Er will Ihnen die Zuversicht und den Halt geben, die Sie sich schon immer gewünscht haben.

## Am Himmelstor

Es war mitten in der Nacht und ich lag in meinem Krankenzimmer in Ann Arbor, Michigan. In dem Moment rechnete ich mit allem anderen, aber nicht mit der Erscheinung himmlischer Wesen. Ich war einundsiebzig Jahre alt und gerade war mir hier, an der Universitätsklinik von Michigan, ein seltener Tumor der Bauchspeicheldrüse entfernt worden, der *Insulinom* heißt. Die Besuchszeit war zu Ende und Ruth und die anderen Verwandten waren nach Hause gegangen. Ich war allein. Alles tat mir weh. Unglücklich drehte ich mich von einer Seite auf die andere. Wie gerne hätte ich geschlafen, um meinem Elend für eine Weile zu entfliehen. Ich ahnte ja nicht, dass ich all meinen Schmerzen gleich auf eine Art entfliehen würde, mit der ich niemals gerechnet hätte.

Plötzlich betraten zwei Männer, die ich noch nie gesehen hatte, mein Zimmer. Ich weiß nicht, warum, aber mir war sofort klar, dass es sich um Engel handeln musste. Gleichzeitig hatte ich überhaupt keine Angst. Sie befreiten mich von sämtlichen Kabeln und Schläuchen, nahmen mich in ihre Arme und gemeinsam erhoben wir uns. Es war eine schnelle Reise. Leicht und sanft bewegten wir uns durch einen tiefblauen Himmel.

Dann wurde ich auf festem Untergrund abgesetzt, vor einem riesengroßen Tor. An eine Perle hat mich das Tor allerdings nicht erinnert.

Vor mir standen schon einige Leute in der Schlange. Es waren rund fünfunddreißig Personen. Sie schienen aus den unterschiedlichsten Ländern zu kommen. Manche trugen ihre Landestracht. Ein Mann hielt ein Baby im Arm.

Ich sah Farben explodieren, die den Himmel erhellten, viel intensiver als das Nordlicht, das ich einmal auf einer Alaskareise gesehen hatte. Was sich mir hier an Farben und Formen bot, war einfach herrlich.

Mein alter Körper fühlte sich plötzlich wieder jung und stark an. Es war fantastisch! All die Schmerzen, alles Steife, sämtliche Symptome der Krankheit und des Alters waren verschwunden. Ich fühlte mich wie ein Teenager, mindestens – oder besser.

Gleichzeitig hörte ich eine Musik, die mit nichts, was ich jemals gehört hatte, zu vergleichen war. Es war, als hörte ich einen Chor aus Millionen von Sängern, dazu Tausende Orgeln und Tausende Klaviere. Die Klänge waren unbeschreiblich. Das Erstaunliche ist, dass ich seit jener Erfahrung fast täglich ein paar Takte dieser Musik aufschnappe. Ich fühle mich so beschenkt, wenn ich mich an die himmlische Musik erinnere.

Dann sprach mich jemand an: „Hallo Marv. Willkommen im Himmel. Mein Name ist Petrus."

Vor mir stand der Mann, den ich von allen Personen in der Bibel am meisten liebe, der hitzköpfige Apostel Petrus, der Fels, auf dem Jesus seine Gemeinde baut, und der Hüter der Himmelspforte. Ich glaube, ich mochte Petrus schon immer, weil ich mich mit ihm besonders gut identifizieren kann. Er ist ein Hitzkopf, ich bin ein Dickkopf, da gibt es so manche Parallelen.

Wir redeten ein bisschen und diskutierten sogar. Immer, wenn ich diese Unterhaltung später gedanklich durchspielte, konnte ich kaum glauben, dass ich einem der mutigsten und besten Männer begegnen durfte, der jemals gelebt hat.

Später werde ich darauf noch ausführlicher eingehen. Jetzt nur so viel: Petrus blätterte durch das Buch des Lebens, das offensichtlich aus mehreren Bänden bestand, fand aber meinen Namen nicht, sonst hätte ich damals gleich im Himmel bleiben und weiter mit Petrus diskutieren können. Petrus verließ seinen Posten am Himmelstor kurz, um Gott zu fragen, ob er mich hereinlassen oder zurückschicken sollte. Wenn er mich gefragt hätte, ich wäre gerne dort geblieben. Ob es Absicht war? Petrus ließ die Tür offen stehen und ich konnte durch das Tor ins Innere sehen.

Was ich auf der anderen Seite des Tores sah, wurde mir zur Offenbarung. Ich bin überzeugt, dass Gott mir aufgetragen hat, Ihnen davon zu berichten, damit auch Sie eine Vorstel-

. . .

lung von dem haben, was Sie nach dem Tod erwarten kann. Ich freue mich darauf, Ihnen zu beschreiben, wie die Leute im Himmel angezogen sind und wie gesund und glücklich sie aussehen. Auch von den unzähligen Babys und Kindern will ich berichten, die dort lachen und spielen. Viele Leser trauern um eine kostbare Tochter oder um einen geliebten Jungen und ich weiß genau, wie tief dieser Schmerz gehen kann. Über einundfünfzig Jahre sind vergangen, seit unser kleiner Sohn gestorben ist. Aber ich vermisse William John immer noch, unser Baby, das nur zehn Stunden lebte, ehe es von uns genommen wurde.

Ich habe meinen Sohn nicht im Himmel gesehen, aber ich weiß, dass er dort ist, und wenn ich das nächste Mal in den Himmel komme, werde ich zu ihm gehen. Nächstes Mal werde ich für immer dort bleiben!

Jenseits des Tores sah ich sechs geliebte Menschen, und in den späteren Kapiteln werde ich ganz genau erzählen, wie sie aussahen und welche Rolle sie in meinem Leben gespielt haben.

Es dauerte ein paar Minuten, ehe Petrus zurückkam. Er hatte die göttliche Anordnung: „Marv, ich habe mit Gott gesprochen, und Gott lässt dir ausrichten, dass du zurückgehen musst. Er hat auf der Erde noch Arbeit für dich. Du sollst dort ein paar Sachen erledigen."

*Aber, aber, aber…!* Ich diskutierte mit Petrus noch eine Weile – das versteht sich von selbst, denn wer einmal den Himmel gesehen hat, der will *um nichts in der Welt* zurück auf die Erde gehen. Dort ist es so unbeschreiblich schön und gut, so frei und von Liebe erfüllt, wie man es sich vorher einfach nicht vorstellen kann. Auf uns wartet dort eine Zukunft, die es wert ist, herbeigesehnt zu werden.

Letztlich war es aber nicht meine Entscheidung, zu bleiben oder zu gehen. Ehe ich Petrus gegenüber noch weitere Argumente anbringen konnte, war ich weg, in einem einzigen Augenblick. Das Nächste, was ich bemerkte, war mein Bett im Krankenzimmer der Uniklinik.

Ich lag wieder ausgestreckt auf dem Rücken, hatte überall Schmerzen und war mit einer Menge von Schläuchen und Kabeln verbunden. Meine Entscheidung stand sofort fest: Niemals würde ich jemandem von dieser erstaunlichen Nacht erzählen, ich würde nie erwähnen, was ich soeben gesehen und gehört hatte.

Niemand würde mir glauben. Warum sollte ausgerechnet der gute, alte Marv Besteman von Gott das Privileg bekommen haben, einen Blick ins Paradies zu werfen? Unter Millionen von Menschen war er der Auserwählte, der den Himmel sehen durfte? Sehr unwahrscheinlich!

Alle würden sagen: „Na klar, Marv ist mit den Engeln durch den Himmel geschwebt, wahrscheinlich auf Wolke sieben ..."

Oder: „Ist es nicht traurig? Der gute alte Mr Besteman fängt an zu spinnen. Er meint, er hätte mit Petrus gesprochen und ihm erzählt, er als dickköpfiger Holländer würde nicht mehr vom Himmelstor weichen, bis er in den Himmel käme. An der Geschichte stimmt nur eines: Er hat wirklich einen Dickkopf ..."

Es war klar, niemand würde mir diese Geschichte abnehmen. Auch von Steve würde ich keinem erzählen können. Ich hatte ihn dort gesehen, meinen Schwiegersohn, der mich vor

. . .

Jahren gefragt hatte, ob ich nun an die Stelle seines Vaters treten würde. Er war mein mir geschenkter Extrasohn, und ich liebte ihn, als wäre er mein eigener Junge. Nur zwei Monate vor meiner Reise in den Himmel war er gestorben. Am Ehlers-Danlos-Syndrom, einer angeborenen Bindegewebsschwäche, die mit vielen schrecklichen Symptomen einhergeht und die man wirklich niemandem wünschen würde. Wie gerne hätte ich meiner Tochter erzählt, wie gut es ihrem Mann ging, wie lebendig und zufrieden er aussah. Aber ich hätte sie damit wohl nur irritiert und verletzt. Ihre Trauer war noch so frisch.

Trotz allem konnte ich das Erlebte nicht leugnen. Ich war *wirklich* im Himmel gewesen und konnte mich perfekt an alles erinnern.

Immer wieder musste ich an die Engel denken und an diesen lichtdurchfluteten Ort voller Frieden, zu dem sie mit mir geflogen waren.

Die Bilder dieses Erlebnisses standen mir ständig vor Augen: das Farbenspiel, das den Himmel erfüllte. Die Hunderten und Tausenden von Babys und Kindern, die ich gesehen hatte. Und dieser kurze Blick auf den Thron Gottes mit den beiden unbeschreiblichen Gestalten darauf.

In meiner Erinnerung sehe ich Petrus ganz klar vor mir, sein üppiges Haar, das antike Gewand und den Blick in seinen Augen, als er meinen Namen nicht in seinem Buch fand, „noch nicht“.

Könnte ich selbst diese Geschichte glauben, wenn sie mir jemand erzählen würde? Niemals! Oder vielleicht doch?

• • •

## „Du bist reich beschenkt worden“

Lange Zeit war ich wütend auf Gott, weil er mir diesen Ort der Vollkommenheit und Freude gezeigt hatte, nur um mich dann wieder auf die Erde zurückzuschicken, zurück in meinen alten, schmerzenden Körper, an einen Ort voller Schmutz und Gewalt, Krankheit und Tränen. Ich habe in der Folgezeit einige Bücher von Menschen gelesen, die ähnliche Himmelserfahrungen gemacht haben, und im Großen und Ganzen ging es allen so, dass sie wütend und traurig waren, als sie wieder auf die Erde mussten. Manche Bibellehrer sagen auch von Lazarus, dem Bruder von Maria und Martha, den Jesus aus dem Grab herausgerufen hat, dass er in seinem Leben nach der Auferweckung einige Kämpfe durchgemacht haben muss.

Das ist schwer zu verstehen, ich weiß. Würde man von einem Menschen, der den Himmel gesehen hat, nicht erwarten, dass er voller Begeisterung zurückkommt und allen anderen erzählt, welche Herrlichkeit die Kinder Gottes erwartet? Aber nach meiner Rückkehr musste ich gegen viele negative Gefühle ankämpfen. Letztlich ist es wohl so, dass jeder, der den Himmel auch nur für eine Sekunde gesehen hat, für immer dort bleiben will, selbst wenn sein Leben auf der Erde wirklich schön war.

Gott hatte Pläne für mich. Er gab mir einen Auftrag, der über Golfspielen und Cafébesuche hinausging. In jener Nacht hatte Gott ein Werk in mir begonnen, und allmählich offenbarte er mir, warum er mir diese Rundreise zum Himmel und wieder zurück geschenkt hatte.

• • •

Fünf Monate danach brach ich meiner lieben Frau gegenüber, mit der ich bereits seit über fünfzig Jahren verheiratet war, mein Schweigen. Unter vielen Tränen sprudelte das Erlebte aus mir heraus, der ganze Bericht einschließlich der Begegnung mit Steve.

Durch Ruths Reaktion veränderte sich alles.

„Marv, du bist ja wirklich reich beschenkt worden", sagte sie und schüttelte den Kopf, ihre hellen blauen Augen waren voller Staunen.

Von da an hielt ich meine unglaubliche Geschichte auch anderen gegenüber nicht mehr so eisern unter Verschluss. Als Nächstes erzählten wir unseren Kindern Julie, Amy und Mark davon.

Dann kam Weihnachten. Amy schenkte mir ein Buch, das ich noch nicht kannte: „Neunzig Minuten im Himmel" von Don Piper. Irgendwie hatte ich davon, obwohl das Buch ein Bestseller war, bisher nichts gehört. An jenem Weihnachtsmorgen kam mir zum ersten Mal der Gedanke, dass Gott vielleicht auch mich beauftragen würde, ein Buch zu schreiben. Aber ich bin Banker, nicht Schriftsteller, und ein Buch zu schreiben erschien mir damals etwa so unrealistisch, wie den Himmel zu besichtigen.

Neun Monate nach meiner Operation gab es ein Problem mit meinem Magen. Mein Bauch war geschwollen und ich ging zum Arzt. Während unseres Gesprächs in der Praxis vernahm ich innerlich deutlich, dass ich meine Geschichte noch mehr Menschen zugänglich machen sollte. Mir wurde klar, dass ich das, was ich erlebt hatte, nicht mehr zurückhalten durfte.

• • •

Gott hat es mir sehr einleuchtend erklärt: Wenn ich die Geschichte erzähle, kann er damit die Traurigen trösten, den Sterbenden und ihren Angehörigen Mut machen und den Menschen, die Jesus noch nicht kennen, Hoffnung ins Herz pflanzen.

Deswegen halten Sie heute meine Geschichte in den Händen. Ich lade Sie ein, mich auf meiner Reise in den Himmel und wieder zurück zu begleiten. Gemeinsam werden wir den Vorhang zurückziehen, der uns vom Jenseits trennt. Wir werden spannende Dinge über Engel, das Buch des Lebens, den Apostel Petrus und den Himmel erfahren – den Ort, den Jesus für uns vorbereitet hat. Dort werden wir in Gemeinschaft mit dem Gott leben, für den wir geschaffen wurden, in einem Zuhause, das unsere eigentliche Bestimmung ist.

Also, starten wir ...

## 1

# Eins zu einer Million

Bevor man mir diese Diagnose nannte, hatte ich das Wort Insulinom noch nie gehört. Die Krankheit ist so unbekannt, dass niemand eine große Reaktion zeigte, wenn ich davon sprach. Keine ernsten Mienen, kein einfühlsames Nicken, keine eigenen Erfahrungen – nur ratlose, unbewegte Blicke, die mich trafen. Keiner hatte davon gehört, keiner wusste etwas damit anzufangen.

Aber ich informierte mich, setzte mich damit auseinander und begab mich schließlich im April 2006 in die Universitätsklinik Michigan in Ann Arbor.

Eigentlich fing alles schon 2003 an, drei Jahre bevor ich den Namen dieser Krankheit zum ersten Mal hörte. Ruth und ich waren in Florida, verbrachten einige Monate in der Sonne und versuchten, uns gegenseitig beim Golfen zu besiegen (damals konnte ich sie noch besiegen, wenn auch nur knapp). Dann ereignete sich der erste „Zwischenfall".

Eines Abends saßen wir vor unserer Ferienwohnung, als ich plötzlich wie abwesend war. Ich selbst kann mich an nichts erinnern. Nach Ruths Beschreibung starrte ich für etwa eine Stunde unverwandt in den Himmel. Ich kannte Ruth nicht mehr, war ohne Orientierung und von Unruhe erfüllt. Das Gute ist, dass meine Frau Krankenschwester ist. So weiß sie immer, was mit mir los ist oder was man in welcher Situation tun muss. Sie dachte, ich hätte zu niedrigen Blutzucker, und steckte mir ein Stück Schokolade in den Mund. Aber laut Ruth konnte ich nicht einmal den Mund schließen, um die Schokolade zu schlucken, so weit weg war ich. Also schloss sie mir den Mund. (Vielleicht hätte sie das auch schon früher manchmal gerne getan?)

Am nächsten Tag brachte Ruth mich zur Notaufnahme, um mich untersuchen zu lassen. Doch man fand nichts Ungewöhnliches.

Drei Jahre lang war alles unauffällig. Da ich mich an den Vorfall in Florida gar nicht erinnern konnte, dachte ich nicht wirklich darüber nach. Ruth aber, als Krankenschwester und als meine Frau, behielt das Ereignis im Gedächtnis. Sie fragte sich, ob so etwas wieder auftreten würde, und rätselte, was damals wohl die Ursache für mein sonderbares Verhalten gewesen war.

Dann verreisten wir mit zwei Enkelkindern in den Norden Michigans, in die Boyne Mountains. Dort wiederholte sich alles. Es war ähnlich wie in Florida. Mitten in der Nacht wurde ich wach, war wie benommen, verstand nichts mehr, kannte weder Ruth noch wusste ich, wer ich selbst war. Als Ruth wach wurde, hatte ich mich wie ein Baby zusammengerollt und starrte sie an, ohne sie wahrzunehmen. Ich klagte und jammerte, schien aber keine Schmerzen zu haben.

. . .

Ruth half mir auf die Beine und führte mich ins Bad. Dabei musste sie mich die ganze Zeit stützen, weil ich so zitterte. Wieder gab sie mir Schokolade und schaffte es irgendwie, mich zu beruhigen.

Am nächsten Morgen ging es mir wunderbar und wieder konnte ich mich nicht erinnern, was in der Nacht vorgefallen war. Wir gingen mit den Kindern zu einem Wasserspielplatz, aßen unterwegs zu Mittag und fuhren dann nach Hause, nach Grand Rapids, wo ich den nächsten Anfall erlitt.

Ich war auf dem Sofa eingeschlafen. Als ich wach wurde, war ich verwirrt und kannte Ruth nicht mehr. Später erzählte sie mir, ich habe ängstlich gewirkt und mich zudem ziemlich verrückt verhalten. Mein Herz raste, meine Glieder zitterten. Wieder jammerte ich laut und schlug auf unsere Sofakissen ein.

Dieses Mal geriet auch Ruth in Panik, denn ich kroch sogar auf dem Boden herum und versuchte, aus der Wohnung zu entkommen, als wäre ich auf der Flucht. Sie hielt mich am Gürtel fest und brauchte alle Kraft, um mich am Gehen zu hindern. Endlich gelang es ihr, die Tür abzuschließen und den Notruf zu wählen. Trotz aller Angst halfen Ruth ihre beruflichen Fähigkeiten auch jetzt wieder, ruhig zu bleiben und überlegt zu handeln.

„Was macht er?“, fragte die Stimme am Telefon.

„Er krabbelt auf dem Boden herum und kennt mich nicht mehr.“

Fünf Minuten später war der Krankenwagen da und ich wurde in ein Krankenhaus in Grand Rapids gebracht. Zehn Tage lang wurde ich dort von Kopf bis Fuß untersucht. Endlich stand die Diagnose fest. Ich hatte ein Insulinom, einen seltenen, gutartigen Tumor der Bauchspeicheldrüse. Das Krankheitsbild entspricht ungefähr dem Gegenteil von Diabetes. Die Tumorzellen in meiner Bauchspeicheldrüse produzierten so viel Insulin, dass mein Blutzuckerspiegel dramatisch niedrig war und zu den erstaunlichen Reaktionen führte. Mein Blutzuckerspiegel lag bei 31, was sehr wenig ist.

Nun hatte ich die zweifelhafte Ehre, der erste Patient in diesem Krankenhaus zu sein, bei dem diese Krankheit jemals diagnostiziert worden war, obwohl es eines der besten Krankenhäuser der USA ist. Pro Jahr entdeckt man diesen Tumor bei weniger als einer Person pro einer Million. Im ganzen Land werden pro Jahr etwa 200 Fälle bestätigt. Zu ihnen sollte ich nun also gehören.

Die Ärzte rieten mir, einen Spezialisten aufzusuchen, um den Tumor operativ entfernen zu lassen. Das konnte man entweder an der Uniklinik in Ann Arbor, Michigan, machen lassen oder an der Mayo Klinik in Rochester, Minnesota. Früher hatte ich für kurze Zeit an der Uni in Michigan studiert und dort sogar in der Hockeymannschaft gespielt. Also entschied ich mich, dorthin zu gehen. Sie hatten damals schon Geld an mir verdient, also warum nicht auch jetzt wieder?

Zunächst war dort aber kein Bett frei und ich blieb vorerst in dem Krankenhaus in Grand Rapids. Eines Abends kam endlich die Nachricht, es gäbe jetzt ein Bett für mich in Ann Arbor. Ich wurde in einen Krankenwagen verfrachtet und zweieinhalb Stunden lang durchs Land gekarrt. Ruth beschloss, am nächsten Morgen bei Tageslicht nachzukommen.

• • •

Als ich in der Uniklinik ankam, wurde mir bewusst, dass meine Krankheit eine ganz besondere war: Die Ärzte kamen nicht einzeln zu mir, sondern immer in Gruppen von drei, vier oder fünf Personen. Offensichtlich war ich ein so spannender Fall, dass sich alle darum rissen, diesen ungewöhnlichen Patienten mit seiner seltenen Krankheit zu untersuchen.

In Grand Rapids hatte man zwar die Diagnose Insulinom gestellt. Aber wo genau der Tumor in meiner Bauchspeicheldrüse saß, war den Ärzten dort genauso rätselhaft gewesen wie den Fachleuten, die mich nun an der Uniklinik untersuchten. Der Chirurg musste allerdings wissen, welchen Teil der Bauchspeicheldrüse er entfernen sollte. Hätte er an der falschen Stelle geschnitten, wären schwere Blutungen vielleicht die Folge gewesen. Die genaue Lokalisation stellte sich aber als sehr schwierig heraus.

Eine junge Ärztin hatte schließlich die rettende Idee. Sie nahm ein feines Endoskop, das in der Kinderchirurgie verwendet wird, und machte sich damit auf die Suche nach dem Tumor. Das Ganze funktionierte, Gott sei Dank. Ruth und ich waren sehr erleichtert, als wir hörten, dass die Position des Tumors nun genau bestimmt worden war. Damit war die Gefahr einer unkontrollierbaren Blutung gebannt und ich konnte operiert werden.

Die arme Ruth hatte schon viel mitgemacht. Zuerst diese Anfälle, die sie irgendwie managen musste, dazu die Ungewissheit, was eigentlich mit mir los war. Dann diese extrem seltene Diagnose und schließlich die Frage, ob die Lage des Tumors herausgefunden werden könnte. Und nun wartete sie, während ich operiert wurde, fünf Stunden lang.

• • •

Später berichtete sie, dass sie während dieser fünf Stunden tiefen Frieden empfunden hatte. Dann kam der erfreuliche Bericht der Ärzte: Alles war nach Plan verlaufen. Sie hatten den Tumor gefunden und ohne Komplikationen entfernt. Meine Blutzuckerwerte stiegen nach der OP rasch an, von unter 80 sogar vorübergehend auf 180, bis sie sich dann bei 115 einpendelten. Das einzige Problem war, dass die Schmerzen, die ich nach der Operation erlebte, alles übertrafen, was ich mir bis dahin hatte vorstellen können.

Wie Ruth mir erzählte, kamen nach der Operation viele Verwandte und liebe Freunde vorbei und besuchten mich. Aber ich bekam gar nicht mit, wer im Zimmer war. Selbst wenn der Präsident der Vereinigten Staaten vorbeigeschaut hätte, wäre es mir egal gewesen.

Eine Spezialistin für Schmerztherapie verbrachte volle drei Stunden in meinem Krankenzimmer und bemühte sich von 17 bis 20 Uhr, meine Schmerzen unter Kontrolle zu bekommen. Doch egal was sie versuchte, nichts half. An ihr lag es nicht, sie versuchte wirklich alles.

Ich bin eigentlich nicht zimperlich, aber was ich da erlebte, war der Horror. Man erklärte mir, die Schmerzen wären deshalb so schlimm, weil die Bauchspeicheldrüse hinter dem Magen liege und der Chirurg alle anderen Organe zur Seite geschoben hatte, um an den Tumor zu kommen. Außerdem seien bei der Operation viele Nerven durchtrennt worden, die jetzt weiter Schmerzsignale sendeten. Dazu kam, dass die Spinalanästhesie mitten in der Operation plötzlich ihre Wirkung verloren hatte und die Ärzte mir eine neue Dosis Betäubungsmittel gespritzt hatten. Alles in allem war es kein Vergnügen.

. . .

Die Krankenschwestern fragten immer: „Wie stark sind Ihre Schmerzen auf einer Skala von eins bis zehn?“ Ich sagte: „Weit über zehn!“

Immer wieder drückte ich auf den Knopf, der Schmerzmittel freisetzte, doch keine Linderung trat ein. Mehrmals verlor ich das Bewusstsein, weil die Schmerzen schier unerträglich waren. Ruth erzählte später, dass die Krankenschwestern in den ersten Stunden nach der Operation etwa halbstündlich nach mir sahen. Ruth kannte sich in Ann Arbor nicht aus und wollte noch bei Tageslicht zu ihrem Hotel zurückfahren. Gegen 20 Uhr abends verließ sie mich, unmittelbar nachdem die Ärztin gegangen war, die für die Schmerztherapie zuständig war. Ruth küsste mich auf die Wange, versicherte mir ihre Liebe und ging aus dem Raum.

So lag ich da, fühlte mich schrecklich und wusste nicht, was ich mit meinem schmerzenden Körper machen sollte. Es gab eine Uhr in meinem Zimmer, aber ich konnte die Zeit nicht erkennen (und sie war mir auch egal). Deshalb kann ich nicht genau sagen, ob es am 27. April abends oder am 28. April morgens war, als zwei Fremde den Raum betraten und ich sofort alle Schmerzen vergaß.

## 2

# Zwei Engel

Ich kann nicht erklären, woher ich wusste, dass die beiden fremden Männer, die in mein Krankenhauszimmer traten, Engel waren. Aber es gab für mich keinen Zweifel. Es konnte gar nicht anders sein: Ich hatte Engelsbesuch, der mich nach Hause bringen würde.

Diese Tatsache beunruhigte mich nicht im Geringsten. Tiefe Ruhe überkam mich, während die beiden Männer sich näherten und neben mein Bett stellten, an jede Seite einer. Sie lächelten sanft und sahen wie ganz normale Männer aus, abgesehen von ihren weißen Gewändern. Beide waren etwa Mitte vierzig und ungefähr einen Meter fünfundsiebzig groß. Der eine hatte längere, braune Haare, die Haare des anderen waren kürzer.

Jeder Mensch hat eine bestimmte Vorstellung von Engeln. Ich auch. Auf jeden Fall hätte ich mir Engel jünger vorgestellt. Außerdem hätte ich erwartet, dass sie nicht eindeutig männlich oder weiblich wären, aber diese Vorstellung kann auch aus gewissen Filmen herrühren, die ich früher gesehen habe.

Dazu kam, dass die beiden keine Flügel hatten. Viele Leute fragten mich später, ob die Engel Flügel gehabt hätten. Im Himmel begegneten mir tatsächlich auch Wesen mit Flügeln – aber das kommt noch.

Die Engel waren ausgesprochen sanft und voller Frieden, während sie mich leise von allen medizinischen Geräten losmachten. Ich war zu dem Zeitpunkt mit etwa fünf verschiedenen Schläuchen, Infusionen und Sonden verbunden.

Fragt sich, warum sie das taten. Sie hatten doch jede Menge übernatürlicher Kräfte und hätten mich einfach in den Himmel versetzen können, ohne mich sorgfältig von allen medizinischen Geräten abzustöpseln.

Natürlich hätten sie das auch anders machen *können*, hätten mich wie eine Rakete in den Himmel schießen oder wie einen Heißluftballon aufsteigen lassen können, aber sie taten es nicht. Sie arbeiteten vielmehr sorgfältig daran, mich von allem frei zu machen, was mich an dieses Bett und diese Erde fesselte. Ich weiß nicht wirklich, warum.

Aber ich habe mir so meine Gedanken dazu gemacht. Gott hatte ihnen bestimmt gesagt, dass ich ein sachlich-nüchterner Mensch bin, ein ehemaliger Banker aus dem Mittleren Westen, mit holländischen Wurzeln. Ich vergesse nie den Querstrich beim t und den Punkt auf dem i. Deshalb dachten sie wohl, es ist besser, mich auf die klassische Weise zu evakuieren, indem man mich erst von allen diesseitigen Dingen losmacht. Vielleicht wollten sie mich ganz behutsam auf das Kommende vorbereiten und mir den Übergang von dieser Welt in die andere Welt leichter machen.

• • •

Als sie fertig waren, legten die Engel von beiden Seiten ihre Arme um mich herum. Plötzlich spürte ich, dass wir uns hoben und zu fliegen begannen. Die Engel trugen mich auf ihren Armen. Dabei hatte ich überhaupt keine Angst, ganz im Gegenteil. Ich spürte eine tiefe Feierlichkeit, dazu eine große freudige Spannung, verbunden mit der Frage, was nun auf mich zukäme. Wir flogen sanft und gleichmäßig, viel ruhiger als die bekannten Billigfluglinien.

Wie lange wir flogen, weiß ich nicht, ein paar Sekunden oder Minuten vielleicht. Wir flogen durch einen herrlich blauen Himmel und ich kann mich besonders an das Licht und die Ruhe erinnern. Ich war von tiefem Frieden erfüllt.

## „Verwalter der Güte Gottes“

Bevor diese zwei Engel kamen, die mich in den Himmel trugen, hatte ich mir über Engel nicht viele Gedanken gemacht. Ich nahm an, dass bei meiner Geburt einige zugegen waren und dass sie auch bei meinem Tod anwesend sein würden. An die Existenz von Engeln hatte ich eigentlich immer geglaubt. Doch nachdem ich diesen beiden Engeln begegnet und mit ihnen zum Himmel geflogen war, dachte ich neu über das Thema nach. Auf welchen vielfältigen Wegen unterstützen uns Engel wohl in unserem Leben, wie oft setzen sie sich zwischen Geburt und Tod für einen Menschen ein?

Ich kann an einer Hand abzählen, wie viele gute, fundierte Predigten ich in meinem Leben über das Thema Engel gehört habe. Als Holländer lasse ich mich nicht so schnell irritieren und bin stolz auf die kritisch-überlegte Grundhaltung, die meinem Volk eigen ist. Unsere Kultur und unser christliches Denken wurden von dem Reformator Johannes Calvin geprägt und in seiner Theologie spielen Engel keine große Rolle. Holländische Calvinisten berichten in der Regel nicht über Engelserscheinungen.

Johannes Calvin, der Gründer der reformierten Theologie, warnte sogar: Wer sich zu sehr mit Engeln beschäftige, entferne sich von der biblischen Lehre und begebe sich auf spekulativen Grund. Doch selbst Calvin, der sicher nicht in Gefahr stand, sich zu viel mit Engeln zu beschäftigen, schrieb in seinem theologischen Hauptwerk, der Institutio: „Engel verwalten Gottes Güte gegen uns und teilen sie aus."

Keine Frage, als diese beiden Engel mich aus meinem Krankenzimmer holten und mir in dieser und der jenseitigen Welt voller Respekt und Freundlichkeit begegneten, da „teilten sie mir Gottes Güte aus".

Ich bin mir sicher, dass es Lazarus ähnlich ging, als die Engel ihn zu Abraham trugen. In Lukas 16,22 lesen wir von dem Gleichnis: Ein Reicher und ein armer, kranker Mann namens Lazarus sterben. Jesus beschreibt Lazarus' Tod mit folgenden Worten: „Der Arme starb und die Engel trugen ihn an den Ort, wo das ewige Freudenmahl gefeiert wird; dort erhielt er den Ehrenplatz an der Seite Abrahams." Laut der Bibel gehört es zu den vielen Aufgaben der Engel, sich der Sterbenden anzunehmen.

Seit dem Kindergottesdienst weiß ich ja, dass Engel die Diener Gottes sind, die mit Jesus zusammen auf alles achten, was wir sagen und tun.

. . .

Aber durch meinen Aufenthalt im Himmel nahm mein Interesse an Engeln sehr zu und ich fing an, die Bibel nach Aussagen über Engel zu durchforsten. Ich wollte so viel wie möglich über die beiden Fremden herausfinden, die damals in mein Krankenzimmer kamen – und natürlich auch über alle anderen Engel. Dazu kam, dass mir immer mehr Menschen ihre eigenen Geschichten erzählten, sobald ich angefangen hatte, von meiner Erfahrung zu berichten. Ich hörte von wunderschönen Engelsbegegnungen und möchte hier einige der Erlebnisse aufgreifen.

Doch zuerst will ich das weitergeben, was ich in der Bibel über Engel gefunden habe. Ich finde das ziemlich interessant.

## Engel in der Bibel

**In der Bibel kommen Engel 196-mal vor,** 103-mal im Alten Testament, 93-mal im Neuen Testament. Diese Erwähnungen der Engel sind über die ganze Bibel verstreut: In 34 der 66 biblischen Bücher finden wir sie, begonnen bei 1. Mose bis hin zur Offenbarung.

**Engel sind himmlische Boten.** Das hebräische Wort für Engel heißt *mal'ach*, das griechische Wort ist *angelos*. Beide Wörter bedeuten „Bote“ und beschreiben ein Wesen, das die Befehle und Aufträge dessen ausführt, dem es dient.

**Engel gab es schon vor der Erschaffung der Erde.** Im Buch Hiob, wo Hiob von Gott auf die Probe gestellt wird, lesen wir davon:

*Wo warst du, als ich das Fundament der Erde legte?*
*Sag es doch, wenn du so viel weißt!*
*Wer hat ihre Maße festgelegt*
*und wer die Messschnur über sie gespannt?*
*Du weißt es doch, oder etwa nicht?*
*Worin sind die Pfeiler der Erde eingesenkt,*
*und wer hat ihren Grundstein gelegt?*
*Damals sangen alle Morgensterne,*
*und die Engel jubelten vor Freude.*
*Hiob 38,4–7 (Hfa)*

**Engel wohnen im Himmel, können aber jeden Ort des Universums und der Schöpfung aufsuchen.** Im Markusevangelium spricht Jesus von den „Engeln im Himmel“, was darauf schließen lässt, dass dort der angestammte Ort der Engel ist, von wo aus sie ihre Aktivitäten unternehmen. Um ihre Aufträge auszuführen, haben sie Zutritt zu allen Orten des Universums, zum Himmel und zur Erde. In der Bibel kommen Engel als Boten auf der Erde unter anderem im Buch Daniel vor, wo ein Engel Daniel die Antwort auf sein Gebet übermittelt. Über die Engel im Himmel lesen wir zum Beispiel im Buch Offenbarung, wo von vier Engeln berichtet wird, die in jeder der vier Himmelsrichtungen stehen: „Danach sah ich an den vier Enden der Erde vier Engel stehen. Sie hielten die vier Winde zurück, damit kein Wind auf der Erde, auf dem Meer und in den Bäumen wehte“ (Offenbarung 7,1). Sie sind auf der Milchstraße unterwegs und an unserem Wohnort, vor dem Thron Gottes und auf der Erde – Engel sind überall.

• • •

**Engel sind streitbare Helden.** Aber natürlich sind sie nicht so mächtig wie Gott selbst. Vielmehr betont die Bibel ihre Begrenztheit. Doch im Vergleich zu uns sind sie klug, weise und haben enorme Kräfte. Sie können fliegen – im Fall meiner Engel auch ohne Flügel – und sie können von einem Augenblick auf den anderen die Gestalt eines Menschen oder ihr eigenes, himmlisches Wesen annehmen. Wie wir später in diesem Kapitel noch sehen werden, tauchen sie aus dem Nichts auf und verschwinden meist so schnell, wie sie gekommen sind. Sie sind unvorstellbar stark. Der Stein, der Jesu Grab verschloss, wog geschätzte 500 bis 1000 Kilogramm, so viel wie ein mittelgroßes Auto. Ein Engel rollte ihn zur Seite, als wäre er eine Bowlingkugel. In der Apostelgeschichte lesen wir, dass ein Engel ins Gefängnis eindrang, die Ketten sprengte und den gefangenen Apostel freiließ. Der Apostel Petrus berichtet über „hohe Engel, die noch stärker und mächtiger sind“ als andere Mächte (2. Petrus 2,11).

**Engel sind mit Aufträgen unterwegs.** Ihre Hauptaufgabe ist die Anbetung Gottes im Himmel. (Ich hörte ihre gigantischen Stimmen, als ich am Himmelstor stand.) Engel zeigen uns Menschen auch den Willen Gottes, so wie der Engel Gabriel Maria informierte, dass sie schwanger werden würde. Sie leiten uns und geben uns Anweisungen. Den Frauen an Jesu Grab sagten sie, was diese tun sollten, ebenso Philippus, Kornelius und vielen anderen Personen der Bibel. Gott sandte Engel, um für die materiellen Bedürfnisse von Hagar, Elia und Jesus (nach der Versuchung in der Wüste) zu sorgen. Engel beschützen uns, bewahren uns vor Gefahren – wie sie Daniel vor den Löwen bewahrten –, und sie retten uns, wenn wir in Schwierigkeiten sind. Nicht zuletzt haben sie auch die Aufgabe, uns zu stärken und zu ermutigen, wie Paulus es auf dem Schiff im Sturm erlebte, als ein Engel zu ihm kam, ihn ermutigte und ihm sagte, dass alle Menschen den Untergang des Schiffes überleben würden (Apostelgeschichte 27).

**Die Bibel spricht von Engeln in der männlichen Form.** Ich weiß, vor Gott gilt weder Mann noch Frau. Männer und Frauen sind nach Gottes Ebenbild geschaffen und er liebt sie gleichermaßen. Meine Engel waren Männer, ebenso wie die meisten Engel, deren menschliche Gestalt in der Bibel beschrieben wird. Natürlich ist es denkbar, dass Engel als Geistwesen die Gestalt von Männern oder Frauen annehmen können (wie nachher in der Geschichte von Gordy). Doch in der Bibel finden wir nur einen Hinweis auf womöglich weibliche Engel. Das ist im Buch Sacharja: „Als ich nach oben schaute, sah ich zwei Frauen mit Storchenflügeln; der Wind trug sie her. Sie ergriffen das Fass und flogen mit ihm davon“ (Sacharja 5,9). Engel in Storchengestalt? Das finde ich interessant, was ich gleich noch erklären werde. Jedenfalls könnte dieser Vers auf die Existenz weiblicher Engel hinweisen. Manche Theologen halten die erwähnten Wesen für himmlische Geschöpfe, aber nicht zwangsläufig für Engel. Diese Haarspalterei will ich gerne den Fachleuten überlassen.

**Engel sind unsichtbar, es sei denn, Gott öffnet den Menschen die Augen oder die Engel nehmen menschliche Gestalt an.** Da sie geistliche Wesen sind, können wir die Engel, die uns umgeben, für uns sorgen, uns dienen und für uns kämpfen, in der Regel nicht sehen. Aber ab und zu gibt Gott uns die

Fähigkeit, die Engel zu sehen, wie er es bei mir tat. Bileam, der Mann mit dem sprechenden Esel, konnte den Engel auch erst sehen, nachdem Gott ihm die Augen geöffnet hatte: „Da öffnete der Herr ihm die Augen und er sah den Engel mit dem Schwert mitten auf dem Weg stehen. Bileam warf sich vor ihm nieder, das Gesicht zur Erde“ (4. Mose 22,31). Ähnlich ging es dem Diener Elisas: „Dann betete er: »Bitte, Herr, öffne ihm die Augen!« Da öffnete der Herr Elisas Diener die Augen, und er konnte sehen, dass der ganze Berg, auf dem die Stadt stand, von Pferden und Streitwagen aus Feuer beschützt wurde“ (2. Könige 6,17, Hfa). Immer wieder lesen wir in der Bibel, dass Engel für Menschen gehalten wurden, weil sie genau wie Menschen aussahen. So dachte Abraham, dass die drei Männer, die ihn besuchten, Menschen wären. Daher ließ er Wasser zum Waschen der Füße bringen und eine Mahlzeit zubereiten. Hätte Abraham die Männer für Engel gehalten, hätte er sich wohl über die Sauberkeit ihrer Füße keine Gedanken gemacht. Auch Abrahams Neffe Lot dachte, die zwei Engel, die zu ihm nach Sodom kamen, seien Menschen. Er bot ihnen an, über Nacht zu bleiben, und verköstigte sie mit gutem Essen.

Meine Engel sahen aus wie Männer, denen man auf dem Golfplatz begegnen könnte oder beim Hockey, abgesehen natürlich von ihren langärmligen Gewändern. Ihre Kleider waren weiß und reichten fast bis auf den Boden, der Stoff hauchdünn, aber nicht durchsichtig. Beide trugen etwas wie ein Seil oder einen Streifen Stoff um die Taille als Gürtel.

# Unverhoffter Engelsbesuch

Immer wieder wurde ich gebeten, die Engel zu beschreiben, die mich abholten, und manche Zuhörer erzählten mir von Engelsbegegnungen, die sie hier auf der Erde hatten. Einige dieser Geschichten habe ich in das Buch aufgenommen, weil ich sie für besonders faszinierend, inspirierend und ermutigend halte.

**Janets Engel**

Janet war eine einfache, unauffällige Frau. Sie tat sich in Gesellschaft anderer Menschen schwer, lebte allein und hatte keine wichtigen Ziele oder Aufgaben im Leben.

Sie arbeitete am Fließband in einer Keksfabrik. Ihre Wohnung war düster und eng. Nach der Arbeit rief sie ihre Mutter an, wenn sie reden wollte, oder sie legte sich aufs Sofa und schaltete den Fernseher ein. Zum Essen wärmte sie sich meist Fertiggerichte auf. Ihr Leben war eintönig und schlicht.

Aber Gott, ihr himmlischer Vater, liebte sie so sehr, dass er zu ihrer Beerdigung einen Engel schickte, der eine so kraftvolle Botschaft überbrachte, dass die wenigen Anwesenden jenen Tag nie vergessen werden.

Janet war Ende vierzig, als sie plötzlich und unerwartet an einem schweren Herzinfarkt starb. Da sie so gut wie keine Verwandten oder Freunde hatte, übernahm der Hauskreis ihrer Mutter die Organisation der Beerdigung, obwohl die Frauen aus diesem Kreis die Verstorbene kaum gekannt hatten.

Aus Liebe zu der Mutter versuchten die Frauen, die Beerdigung schön und würdevoll zu gestalten. Sie bestellten lilafarbene Blumen, weil die Mutter ihnen gesagt hatte, dass das die Lieblingsfarbe ihrer Tochter gewesen war. Die kleine Gruppe von etwa dreißig Personen gab sich beim Singen alle Mühe und stimmte die Lieblingslieder der Verstorbenen an. Trotzdem klangen die Stimmen in dem Raum, der fünfhundert Personen fassen konnte, wie ein kläglicher Chor. Janets beiden Großnichten, die sie von Herzen geliebt hatte, schmiegten sich eng an ihre Mutter und Urgroßmutter, vorne in der ersten Reihe, in der nur diese vier Personen saßen.

Im Vorfeld hatte die Mutter bei der Planung des Gottesdienstes erst nach einigem Zögern zugestimmt, dass man den Versammelten Gelegenheit geben sollte, über ihre Erinnerungen an Janet zu sprechen. Doch als es dann so weit war, schien das einzutreten, was die Mutter befürchtet hatte. Niemand ging ans Mikrofon, um etwas über Janet zu sagen. Eine unangenehme Stille breitete sich in dem großen, fast leeren Saal aus.

Gerade als der Pastor sich räusperte, um den Gottesdienst fortzusetzen, erhob sich ein junger Mann mit dunkler Hautfarbe, der etwas entfernt von der übrigen Gemeinde an der Seite saß.

„Ich habe eine Botschaft", begann er mit einer klaren, kräftigen Stimme, die wie Glockenschläge klang. Er trug ein grünes T-Shirt mit drei aufgedruckten Kreuzen. Mit ausdrucksstarker Stimme las er aus dem Hebräerbrief vor:

• • •

*Ihr seid vielmehr zum Berg Zion gekommen und zur Stadt des lebendigen Gottes. Diese Stadt ist das himmlische Jerusalem mit seinen vielen Tausend Engeln. Ihr seid zu einer festlichen Versammlung gekommen, zur Gemeinde von Gottes erstgeborenen Söhnen und Töchtern, deren Namen im Himmel aufgeschrieben sind. Ihr seid zu Gott gekommen, der alle Menschen richtet, und zu den seligen Geistern: den Menschen, die den Willen Gottes getan haben und schon vollendet sind.*
*Hebräer 12,22–23*

Der Mann mit den Kreuzen auf dem T-Shirt las immer weiter, mit großer Klarheit, voller Kraft und in eindringlichem Ton. Janets Familie starrte ihn an. Sie hatten diesen Mann noch nie zuvor gesehen und waren sich fast sicher, dass Janet ihn auch nicht gekannt haben konnte. Der Pastor und der Gemeindeälteste warfen sich fragende Blicke zu. Nach fast dreißig gemeinsamen Dienstjahren konnte jeder schon fast die Gedanken des anderen lesen: „Wer ist das? Nach dem Gottesdienst müssen wir das unbedingt herausfinden.“ Sie nickten sich übereinstimmend zu, während die Stimme des Mannes immer donnernder wurde:

*Wir wollen dankbar sein, weil wir schon jetzt Anteil an jener neuen Welt bekommen, die durch nichts erschüttert werden kann. Lasst uns Gott in heiliger Scheu und Ehrfurcht danken und ihm dienen, wie es ihm gefällt! Denn auch unser Gott ist ein verzehrendes Feuer!*
*Hebräer 12,28–29*

. . .

Den letzten Satz: „Unser Gott ist ein verzehrendes Feuer!“, brüllte der junge Mann schon fast. Dann schlug er seine Bibel zu und setzte sich leise auf seinen Platz, während die erstaunten Gottesdienstbesucher ihn verwundert anstarrten. War er ein Freund von Janet gewesen? Warum saß er dann nicht bei der kleinen Gruppe von Janets Kollegen und Bekannten? Einige besonders Neugierige nahmen sich vor, den Mann nach der Beerdigung anzusprechen. Damit wandten sie ihre Aufmerksamkeit wieder dem Pastor auf der Bühne zu, der nun mit der Predigt fortfuhr.

Doch als der Gottesdienst zu Ende war und die kleine Familie der Verstorbenen durch den Gang ins Foyer des Gebäudes ging, dicht gefolgt von den anderen Besuchern, da war der junge Mann nicht mehr zu sehen. War er während der Predigt gegangen? Der Gemeindeälteste saß während des ganzen Gottesdienstes auf der Bühne und hatte den Besucher immer im Blickfeld gehabt. Trotzdem war ihm nicht aufgefallen, dass der junge Mann gegangen war. Niemand hatte sein Verschwinden bemerkt, obwohl etwa ein Dutzend Personen ihn auf seinem seitlichen Platz im Blickfeld hatten.

Es war schon seltsam. Aber die Gemeinde liegt in der Innenstadt und über die Jahre verirrten sich doch immer wieder seltsame Gestalten von der Straße in die Kirchenräume. Nun drückte man den Angehörigen sein Beileid aus und aß zusammen – so vergaßen die meisten wieder, dass sie sich über diesen Mann gewundert hatten. Nur der Pastor und der Älteste rätselten weiter.

Beide wussten, dass dieser Fremde anders war als alle anderen Gäste, die sie im Laufe der Jahre in ihrer Gemeinde begrüßt hatten. Seine Erscheinung war nüchtern und klar, er war sauber gekleidet – wenn auch etwas ungewöhnlich für eine Beerdigung –, er sprach gut und hatte seinen Beitrag mit Stil und Würde vorgetragen. Es war, als hätte er eine Botschaft weitergegeben, die von jemand anderem in Auftrag gegeben worden war.

*„Unser Gott ist ein verzehrendes Feuer!"*

Wie fordernd und kühn seine Stimme beim Vorlesen geklungen hatte! Der Pastor zog sich in sein Büro zurück und schlug die Bibel an der Stelle auf, die der Mann wiedergegeben hatte: Hebräer, Kapitel 12. Langsam las er noch einmal, was vorhin so eindringlich vorgetragen worden war. Welch ein ungewöhnlicher Bibeltext für eine Beerdigung, zumal die Verstorbene so eine bescheidene, blasse Persönlichkeit gewesen war. Trotzdem hatten sie alle gespürt, wie gut dieser Text zu Janets Leben passte. Janet hatte ausgesprochen zurückgezogen gelebt. Bis auf die wenigen Angehörigen hatte kaum jemand um ihre Existenz gewusst, doch sie hatte an Gott als *ein verzehrendes Feuer* geglaubt und war jetzt bei ihm in der Herrlichkeit. Ihre Entscheidung, an diesen Gott zu glauben, war mutig und stark gewesen, ganz im Gegensatz zu ihrer sonstigen Art. Nun war sie bei der „Festversammlung mit den vielen Tausend Engeln im himmlischen Jerusalem".

Der Pastor blieb an dem Wort „Engel" hängen und sein Verdacht wuchs. Der Älteste mit den Adleraugen übersah nie etwas. Hätte ihm entgehen können, wie der junge Mann den Raum verlassen hat? Und wieso hatte *niemand* etwas bemerkt?

. . .

Sorgfältig las der Pastor den Abschnitt noch einmal, Wort für Wort. Er betete um Weisheit und Gottes Hilfe, um die Botschaft, die ihnen überbracht worden war, zu verstehen. Erst las er bis zu der Stelle, wo der Mann aufgehört hatte. Dann las er weiter, um den Inhalt aus dem Textzusammenhang noch besser verstehen zu können.

Beim nächsten Satz bekam er eine Gänsehaut: „Hört nicht auf, einander als Brüder und Schwestern zu lieben. Vergesst nicht, Gastfreundschaft zu üben, denn auf diese Weise haben einige, ohne es zu wissen, Engel bei sich aufgenommen" (Hebräer 13,1–2).

Natürlich ist das kein Beweis dafür, dass dieser Fremde wirklich ein Engel war (so etwas kann man eigentlich nie beweisen). Aber eine große Dankbarkeit erfüllte den Pastor. Er war sich sicher, dass er und seine kleine Trauergemeinde, ohne es zu ahnen, von einem Engel besucht worden waren. In sehr klaren Worten hatte dieser himmlische Bote ihnen verdeutlicht, dass Gottes Heiligkeit wie ein verzehrendes Feuer ist.

Wer bei jener Beerdigung war, sah Janet fortan in einem anderen Licht. Sie war nicht mehr die einsame, unbedeutende Frau, sondern nun war sie die Frau, von deren Einzug in den Himmel ein Engel in einem grünen T-Shirt berichtet hat.

**„Ich heiße Otis"**

Janets Engel war gekommen, um eine Nachricht von Gott zu übermitteln. Aber es gibt auch Engelserscheinungen mit anderen Aufträgen. Gott schickte Engel, um Hagars durstigem Jungen Wasser zu geben, Engel brachten dem hungrigen Elia

Brot und sie stärkten Jesus, nachdem er versucht worden war. Engel umgeben uns ständig und helfen uns oft in ganz praktischen Dingen. Jamies Geschichte handelt von einem sehr praktisch begabten Engel namens Otis, der gar nicht menschlicher hätte sein können.

Jamie ist eine lebhafte junge Mutter aus Texas. Sie berichtete mir von drei Erfahrungen, in denen Engel im Einsatz waren, um sie und ihre Familie zu beschützen und ihnen zu helfen.

„Als ich noch klein war, fuhr ich mit meinen Großeltern zum Campingurlaub. Auf der Reise gab es Probleme mit dem Wohnmobil. Mein Opa fuhr an den Straßenrand und sah unter der Motorhaube nach, was los war. Da hielt ein Mann an und bot uns seine Hilfe an. Gemeinsam steckten die beiden Männer nun ihre Köpfe unter die Motorhaube, arbeiteten am Motor und unterhielten sich dabei angeregt. Als Opa mit dem Mann zu dessen Auto ging, um ein Werkzeug zu holen, sah er dort Anglersachen liegen. Er sprach den unbekannten Helfer darauf an und der Mann sagte, sein Bruder und er seien Fischer. Das war ein bisschen seltsam, denn wir waren weit entfernt von irgendeinem Gewässer, in dem man beruflich hätte fischen können.

Meine Oma ist Südstaatlerin und daran gewöhnt, für jede Kleinigkeit eine Dankeskarte zu schreiben. Deshalb bat sie den Fremden, ihr seine Adresse aufzuschreiben. Der Mann lehnte höflich ab. Meine Großeltern wollten ihm etwas Geld geben, doch er nahm nichts an und gab ihnen auch keine Informationen über sich selbst.

‚Können wir Sie wenigstens zum Essen einladen?', fragte Opa schließlich, doch der Mann lächelte nur und meinte, das sei nicht nötig, er hätte gerne geholfen. ‚Mein Name ist Otis', erklärte er, als Opa ihn nach seinem Namen fragte – Oma hatte an der Stelle gehofft, er würde auch seinen Familiennamen sagen, damit sie versuchen könnte, die Adresse herauszufinden und ihm doch noch eine Dankeskarte zu schicken – aber er verriet seinen Familiennamen nicht. Und meine Großeltern waren zu höflich, um weiter in ihn zu dringen. Otis fuhr noch hinter uns, bis wir zu der Werkstatt kamen, von der er wusste, dass man uns dort würde helfen können, dann winkte er und fuhr davon. Wir sahen ihn nie wieder."

## Rettende Boten

Als Schadrach, Meschach und Abed-Nego im Feuerofen waren, gab es einen geheimnisvollen vierten Mann. Auch diese Engel gibt es, die zu unserem Schutz unterwegs sind. König Nebukadnezzar und seine erstaunten Begleiter sahen den Engel. „Der vierte sieht aus wie ein Engel!", rief Nebukadnezzar und ließ die Männer aus dem Feuer kommen (Daniel 3,25b). Er hatte die drei Männer in ihren sicheren Tod geschickt und nun hatten sie sogar Gesellschaft von einem vierten Mann, der mitten in den Flammen sehr gelassen wirkte. Doch oft genug sehen wir überhaupt niemanden. Die Engel, die zu unserer Rettung kommen, sind meist unsichtbar, oder sie erscheinen nur wie das Aufleuchten eines Blitzes. So war das in den anderen beiden Geschichten von Jamie auch. Die erste erlebte eine Freundin von ihr, die zweite geschah ganz in der Nähe ihres Wohnortes.

**Die Geschichte von Missy**

„Der Vater meiner Freundin betete jedes Mal, wenn seine Kinder aus dem Haus gingen, für ihren Schutz. Eines Tages hatte Missy eine Autofahrt vor sich und wieder betete ihr Vater für sie. Sie fuhr hinter einem großen Lastwagen her, als sie plötzlich ein Licht aufleuchten sah. Dann ging ihr Motor urplötzlich aus und sie kam mitten auf der Straße zum Stehen. Im nächsten Moment fing der schwere LKW vor ihr an zu schlingern, ihm war ein Reifen geplatzt. Sie wusste, es wäre unvermeidlich zu einem Zusammenstoß mit dem schweren Fahrzeug gekommen, wenn ihr Wagen nicht kurz vorher stehen geblieben wäre. Als sie weiterfahren wollte, ließ sich der Motor problemlos starten. Ihr Auto war völlig in Ordnung, vor und nach diesem Zwischenfall fuhr es ohne Störungen. Sie war sicher, dass Gott die Gebete ihres Vaters erhört und ihr an diesem Tag einen Engel geschickt hatte."

**Die Geschichte von Zackary**

„Im vergangenen Sommer waren wir bei einem Golfturnier, als unser einjähriger Sohn Zackary von einem über dreihundert Kilo schweren Golfwagen überfahren wurde. Ein Achtjähriger saß am Steuer, der von keinem Erwachsenen beaufsichtigt worden war. Ich hatte den Vorfall nicht beobachtet, weil ich mich kurz von dem Jungen abgewandt hatte, um mit jemandem zu reden. Da hörte ich Schreie, fuhr herum und sah meinen kleinen Jungen unter dem Golfwagen. Mein Herz stand still. Nie in meinem Leben spürte ich größere Angst. Jemand rief den Notarzt, andere versuchten, das Kind unter dem Fahrzeug hervorzuzerren. Als sie es endlich geschafft hatten, untersuchte ich ihn voller Panik, doch zu meiner riesengroßen Erleichterung hatte er nur ein paar leichte Hautabschürfungen am Hals und an der Wange und eine kleine Schramme am Kopf. Die Ärzte, die dann dazukamen, konnten nicht fassen, dass er nicht schwer verletzt oder sogar tot war. Einer sagte mir, dass es dafür keine Erklärung gäbe, es sei denn, ein Engel hätte sich selbst zwischen mein Kind und den Wagen gestellt und das Kind beschützt."

• • •

Ich möchte noch zwei Geschichten weitergeben, die mir ebenfalls erzählt wurden. Der Gedanke, dass uns möglicherweise tatsächlich Engel umgeben, die aktiv in unser Leben eingreifen, ist einfach erstaunlich und wunderbar.

**Die Geschichte von Sharon**

„Meine Freundin und ich waren aus beruflichen Gründen zu einer Konferenz nach Philadelphia gefahren. Eines Abends gingen wir zum Essen in die Stadt. Dabei bemerkten wir gar nicht, wie die Zeit verging. Als wir endlich zahlten und zu unserem Mietwagen gingen, der auf einem öffentlichen Parkplatz stand, war alles verlassen. Außer unserem Wagen stand nur noch ein einziges Auto dort.

Zwei Typen standen bei dem anderen Auto und beobachteten uns finster. Mir kam die Situation sehr bedrohlich vor. Ein seltsames Gefühl beschlich mich. Wir waren hilflos. Plötzlich waren da etwa acht Männer in weißen Gewändern, die sich um die beiden Männer und ihr Auto stellten. Meine Freundin und ich stiegen schnell in unseren Wagen, verriegelten die Türen und beobachteten überrascht, wie das andere Fahrzeug eilig den Parkplatz verließ. Im nächsten Augenblick waren die Männer in den Gewändern verschwunden.“

**Die Geschichte von Gordy**

„Ich arbeite seit vier Jahren als Hausmeister in einer christlichen Schule in der Stadtmitte und bin dankbar für diese Arbeit. Ich liebe die Kinder, ihr Lachen und ihre Freude. Sie haben sogar einen Gordy-Tag eingeführt, an dem sie alle die gleiche Sorte lustiger T-Shirts tragen wie ich.

Ich wohne ganz in der Nähe der Schule und meine Nachbarn wissen, dass sie sich an mich wenden können, wenn es etwas zu reparieren gibt. Eines Tages half ich einem Nachbarn, einen abgestorbenen Ast von seinem Baum abzusägen, ehe dieser beim Herunterfallen jemanden verletzen könnte. Der Ast hing etwa 7,5 Meter hoch. Mein Nachbar stand am Boden, ich war im Baum, zwischen uns war ein Seil. Als ich ihm sagte, er solle nach Westen ziehen, zog er nach Norden, sodass ich den Halt verlor und hinabstürzte.

Während ich fiel, sah ich unter mir einen Pfosten, auf dem ich auf keinen Fall landen durfte, sonst hätte er mich aufgespießt. Ich drehte mich weg und landete auf einer Betonstufe zwischen dem Gehweg und dem Rasen. Meine Hüfte krachte mit voller Breitseite auf die Stufe und ich spürte, dass etwas zu Bruch ging. Als ich aufstand, humpelte ich nur zwei Schritte, dann brach ich zusammen.

So lag ich auf der Erde, hatte schreckliche Schmerzen und war voller Traurigkeit, denn ich würde nun lange nicht mehr arbeiten und bei den Schulkindern sein können. Dabei liebte ich meine Arbeit doch so sehr. Da sah ich auf der anderen Straßenseite eine Frau mit dunkler Hautfarbe, die etwa vierzig Jahre alt war. Sie überquerte die Straße und kam zu mir. ‚Ich werde für Sie beten', erklärte sie, kniete sich neben mich auf den Boden und legte ihre Hände auf mich. Sie betete ein einfaches, kurzes Gebet für Frieden und körperliche Heilung. Im nächsten Augenblick war sie weg. Ich hatte sie davor noch nie gesehen, obwohl ich wirklich alle Leute in unserer Gegend kenne.

Später, nach dem Krankenhausaufenthalt und der Rehabilitation, fragte ich alle möglichen Leute, wer diese Frau gewesen sei, aber niemand hatte einen Schimmer. Ich wollte ihr so gerne danken. Als ich dann miterlebte, wie mein alter Körper heilte, fing ich an zu vermuten, dass sie ein Engel gewesen sein könnte. Mein Arzt fragte mich immer, ob ich Schmerzen hätte, doch ich hatte keine. Schließlich sagte er mir, dass Patienten mit dieser Verletzung des Beckenrings nach der Heilung meist chronische Schmerzen hätten. Er konnte kaum glauben, dass es mir so gut ging. Deshalb bin ich überzeugt, dass diese Frau ein Engel Gottes war, der mir diente, als ich verletzt auf der Erde lag. Seither weiß ich, dass wir immer mit Gottes Eingreifen rechnen dürfen, weil er uns immer nahe ist."

• • •

## Umgeben von Engeln

Janets Engel überbrachte eine Botschaft Gottes. Otis und die fremde Frau kümmerten sich um Menschen, die in Schwierigkeiten steckten. Missy und Zackary wurden von Engeln aus tödlicher Gefahr gerettet.

Meine beiden Engel waren in einer sehr schweren Phase meines Lebens für mich da und trösteten mich mit ihrer Freundlichkeit und Kraft.

Ich wiederhole mich: Sie hatten keine Flügel, trotzdem flogen sie mit mir in den Himmel. Aber in der folgenden Geschichte, auf die ich gleich etwas näher eingehen werde, kommen Engel mit richtigen Flügeln vor.

In der Bibel werden an mehreren Stellen Engel beschrieben, bei denen ausdrücklich Flügel erwähnt werden, dazu zählen die Cherubim und Serafim. So lesen wir in 2. Mose 25,20: „Die Engel breiten ihre Flügel nach oben aus und beschirmen die Deckplatte, die Gesichter sind einander zugewandt und ihre Augen auf die Platte gerichtet“ (Hfa).

In Jesaja lesen wir von dem Thron, den ich auch im Himmel sah, und von Engeln mit Flügeln:

> *Es war in dem Jahr, als König Usija starb. Da sah ich den Herrn auf einem hohen, gewaltigen Thron sitzen. Der Saum seines Gewandes füllte den ganzen Tempel aus. Er war umgeben von mächtigen Engeln, jeder von ihnen hatte sechs Flügel. Mit zwei Flügeln bedeckten sie ihr Gesicht, mit zweien ihren Leib, und zwei brauchten sie zum Fliegen.*
> *Jesaja 6,1–2*

Ich habe gelesen, dass Cherubim vier Gesichter haben: das eines Menschen, eines Stiers, eines Löwen und eines Adlers (Hesekiel 10,14). Außerdem haben sie vier Flügel, die mit Augen übersät sind. Seit dem Sündenfall bewachen sie den Eingang zum Paradies und den Baum des Lebens. Sie dienen vor Gottes Thron, indem sie ihn ständig preisen. Der heilige Thomas von Aquin vertrat die Lehre, dass Satan ein gefallener Engel sei. Auch Serafim stehen vor Gottes Thron und preisen ihn. Mir gefällt die Bedeutung des Wortes *Serafim*: „die Brennenden“.

Waren es Cherubim oder Serafim, deren Flügel sanft meinen Arm, mein Gesicht und meinen Kopf berührten, als ich vor dem Himmelstor stand? Ich konnte niemanden sehen, der mich berührte, aber es war, als hätten Flügel mich gestreift. Auch Peggy erzählte mir ihre Engelsgeschichte, nachdem sie meinen Bericht gehört hatte. Als ich ihr zuhörte, musste ich sofort an diese Berührung denken, die ich damals gespürt hatte.

## Von Engelsflügeln berührt

Peggy lebte in Kanada und hatte fünf Kinder. Sie betete jeden Morgen für ihre Kinder, ehe diese das Haus verließen und zur Schule gingen. Eines Morgens betete sie für ihre beiden kleinen Mädchen, die schon startklar waren. Als Peggy ihr Gebet beendet hatte und die Tür öffnete, um ihre Mädchen hinauszulassen, spürte sie ein Flügelschlagen, das sanft ihren Kopf streifte. Es war, als wäre ein großer Vogel an ihr vorbeigeflogen. Erschrocken drehte sie sich um. Aber hinter ihr war nichts zu sehen. Was auch immer sie wahrgenommen hatte, es war aus dem Haus *hinaus*geflogen, es konnte gar nicht hinter ihr sein. Sie sah hinaus, den Gehweg entlang, auf dem ihre Töchter Richtung Schule gingen. Doch da war nichts, es gab keine großen Vögel, die herumflogen. Plötzlich wusste sie tief in ihrem Herzen, dass sie den Flügelschlag von Engeln wahrgenommen hatte, die ihren Kindern folgten und jeden ihrer Schritte bewachten.

Ist das nicht eine schöne, ermutigende Geschichte, die uns zeigt, wie aufmerksam Gott über seine Kinder wacht?

**Angelos**

Ich vermute, dass meine beiden himmlischen Besucher unter die Kategorie „Bote“ fallen, sie gehörten wahrscheinlich zu den einfacheren Engeln, *angelos*, die sich um die Angelegenheiten der Menschen auf der Erde kümmern. Sie führen viele Aufträge aus. Einer davon war es, mich in jener besonderen Nacht in den Himmel zu bringen.

Mein Flug war sehr sanft und angenehm, ein schwebendes Gefühl, das ich nie vergessen werde und das ich so noch nie erlebt hatte. Zuerst flogen wir nach oben. Das dauerte ein paar Sekunden, vielleicht eine Minute. Dann fiel mir auf, dass die Engel leicht die Richtung änderten, wir flogen nach rechts weiter.

Schließlich verloren wir an Höhe.

Ich bin mir sehr sicher, noch etwas beobachtet zu haben: Während wir langsam nach unten schwebten, sah ich an mir herunter und bemerkte, dass ich eine Hose trug. Irgendwo zwischen der irdischen und der himmlischen Welt muss sie an mir aufgetaucht sein. Denn als die Engel mich abholten, hatte ich noch mein Krankenhaus-Flügelhemd an. Nun entdeckte ich in der Luft, dass ich ein leichtes, braunes Poloshirt trug, eine Stoffhose und Schuhe. Ich war ungefähr so angezogen, als würde ich mit meiner Frau in ein Restaurant gehen.

Später, als ich einen Blick auf meine liebe Mutter, meine Großeltern, meinen Schwiegersohn und verschiedene Freunde erhaschen durfte, fiel mir auf, dass sie ungefähr in dem Stil angezogen waren, den sie auch auf der Erde getragen hatten.

Meine Landung erinnerte mich an eine Szene, die ich zu Hause oft beobachtet hatte. Ruth und ich leben in einer Eigentumswohnung, in einer angenehmen Nachbarschaft mit vielen Menschen unseres Alters. Ich genieße es, am Ufer des künstlich angelegten Sees in meinem bequemen Liegestuhl zu sitzen, nur ein paar Schritte von unserer Terrassentür entfernt. Von dort aus beobachte ich die Zugvögel, die sich in großer Zahl am Ufer des Sees sammeln.

Immer wieder habe ich zugesehen, wie Tausende kanadischer Gänse näherkamen und am Seeufer landeten. Mit ihren braungrauen Flügeln schwebten sie sanft heran und setzten gekonnt am Boden auf. Meine „Landung" am Himmelstor ähnelte der geschmeidigen Landung der kanadischen Gänse.

Kaum stand ich auf meinen Füßen, da waren meine Engel auch schon verschwunden. Ich sah sie nie wieder.

Sofort befand ich mich in einer anderen Wirklichkeit. Schon das Schweben durch den wolkenlosen Himmel hatte mir das größte Vergnügen bereitet. Doch nun war ich in einer himmlischen Welt, wo ich schon bald Dinge sehen, hören und spüren würde, die ich mir nie hätte ausdenken können.

# 3

# Lichter, Farben und eine Liebesgeschichte

Die Farben und das Licht im Himmel waren unbeschreiblich schön. Das war ja eigentlich zu erwarten. Im Himmel musste es einfach wunderschön sein.

Ich sah Farben, die so intensiv, lebendig und voller Herrlichkeit waren, wie ich sie bis dahin nicht gekannt hatte und mir selbst nie hätte vorstellen können. Wer Farben mag, wird im Himmel sehr glücklich sein. Unsere himmlische Wohnung wird vom Vater des Lichts beleuchtet, der Sonne und Mond am Himmel platziert hat. Das beschrieb der Apostel Johannes in der Offenbarung mit folgenden Worten: „Die Stadt braucht weder Sonne noch Mond, damit es hell in ihr wird. Die Herrlichkeit Gottes strahlt in ihr und das Lamm ist ihre Leuchte" (Offenbarung 21,23).

Das Licht, das ich dort sah, kann ich nicht wirklich beschreiben. Worte wie „strahlend hell" sind nur sehr unzureichend. Es schimmerte sanft und zart und doch sehr intensiv.

. . .

Die Strahlen waren gleichzeitig stark und kraftvoll, aber auch lieblich und zart.

Diese Farben und das Licht des Himmels kommen auf der Erde einfach nicht vor. Trotzdem versuche ich, in Worte zu fassen, wofür es keine Worte gibt.

Ich will mein Bestes geben. Es hilft keinem, wenn ich immer wieder sage, alles sei „unbeschreiblich" gewesen, trotzdem passt das am ehesten zu allem, was ich sah.

Ich sah keine Straßen aus Gold. Das mag daran liegen, dass ich nicht weit in den Himmel hineinkam, sondern nur an dem Tor stand und von dort aus einen Blick ins Innere warf. Manchmal versuche ich, meine Erfahrung so zu beschreiben: Es ist, als stamme man aus Nepal oder dem Kongo oder einem ähnlichen, vom Westen weit entfernten Land. Dann wird man mit einem Hubschrauber in eine Metropole der westlichen Welt gebracht und dort abgesetzt. Man hat zwanzig Minuten Zeit, sich alles anzuschauen, dann bringt der Hubschrauber einen wieder nach Hause. Was auch immer man in diesen Minuten gesehen hätte, würde man für „den Westen" halten.

Andere Menschen, die auch im Himmel waren, haben ganz andere Dinge erlebt als ich. Manche *haben* die goldenen Straßen gesehen und Lebewesen mit Flügeln. Colton Burpo, der kleine Junge, dessen Geschichte in dem Buch „Den Himmel gibt's echt" erzählt wird, sah auch mächtige Regenbogenpferde. Er hat sich seine Geschichte ebenso wenig ausgedacht wie ich meine. Wir haben nur verschiedene kleine Ausschnitte der großen himmlischen Welt gesehen, je nachdem, was Gott uns zeigen wollte. Ich habe einige wirklich erstaunliche Dinge erblickt. Die Farben und das Licht waren nur zwei von vielen herrlichen Beobachtungen.

## Das grünste Grün und das blaueste Blau

Ich sah Babys, Kinder und Heranwachsende jeden Alters. Sie spielten, redeten und lachten auf einer Wiese, die aus dem grünsten Gras bestand, das ich je gesehen habe. Ich liebe das Golfspielen sehr und freue mich jedes Jahr darauf, dass die besten Golfspieler der Welt sich in Augusta in Georgia treffen, um ein großes Turnier auszutragen. Den ebenmäßigen, smaragdgrünen Grasteppich, auf dem sie gegeneinander antreten, kenne ich nur aus dem Fernsehen. Trotzdem ist das die schönste grüne Fläche, die ich bis zu meinem Blick in den Himmel gesehen hatte. Ein Bekannter von mir hatte das Glück, einmal persönlich vor Ort zu sein und das Turnier live zu sehen. Seine Frau machte sich später über ihn lustig, weil er mit unendlich vielen Gras- und Wiesenfotos nach Hause zurückkam. „Schau nur, was für ein Rasen!", rief er immer wieder, während er auf die Bilder zeigte. Sie verdrehte die Augen. „Sieh mal hier, der Rasen ist so perfekt, so unglaublich gut!" Ausgehend von so einem Rasen kann man versuchen, sich das Grün des Himmels annähernd vorzustellen. Es ist noch viel grüner und saftiger als der schönste Golfplatz der Welt. Die Farbe Grün ist im Himmel unglaublich schön.

Der Himmel, durch den ich flog, und das All um ihn herum waren in ein Blau getaucht, das man sich genauso wenig vorstellen kann. Die ganze Atmosphäre war durchtränkt von Farben und Licht und ich kenne nichts Irdisches, das diesem Blau nahekommt.

Am ehesten erinnert mich die Farbe des karibischen Meeres oder das Wasser an der Küste Hawaiis bei Sonnenuntergang an dieses himmlische Blau. Es ist eine Farbe, die man einfach nur bestaunen, bewundern und von ganzem Herzen genießen kann. Selbst das allerschönste Meeresblau ist nur ein Vorgeschmack auf diese Farbe, die uns in der nächsten Welt erwartet. Wer hier schon Blau als Lieblingsfarbe hat, kann sich umso mehr freuen auf das, was kommt. Nach dem, was ich sah, ist Blau die Farbe, die im Himmel am zweithäufigsten vorkommt. Platz eins belegt Weiß, aber dazu kommen wir gleich noch. Alle Farben, die ich im Himmel sah, waren von großer Klarheit und Helligkeit, die man wohl am ehesten im Sonnenlicht wiederfindet. Zugleich erinnern sie ein wenig an das Mondlicht, das Lodern von Feuer oder an das Funkeln eines Sternes. Alle diese Farben mit ihren Bewegungen werden orchestriert von einem hervorragenden Lichtdesigner und wie ein Sonnendach über der Welt ausgespannt, in der wir die Ewigkeit verbringen werden.

Dieser Meister der Lichttechnik liebt es, unsere dunklen Wege auch hier schon mit überirdischem Glühen und leuchtender Wärme zu erhellen, als Vorgeschmack auf das, was er in seiner Welt für uns vorbereitet hat.

## Licht meines Lebens

Im Jahr 1956 traf ich eine große Entscheidung. Es war ein Schritt des Glaubens und der Liebe, der sich für mein weiteres Leben als äußerst segensreich herausstellte. Im Juni dieses Jahres entdeckte ich Ruth, die mein Leben fortan erhellte.

Elvis Presley wurde in diesem Sommer mit seinem Hit „Hound Dog" permanent im Radio gespielt, der Film „Der König und ich" von Rodgers und Hammerstein eroberte die Kinos und General Electric erfand den raffinierten Wecker mit Schlummerfunktion, der nicht lockerließ, bis der Schläfer endgültig wach war.

Ich war einundzwanzig Jahre alt und hatte gerade das College in Grand Rapids mit einem Abschluss in Wirtschaftswissenschaften beendet. Für mich war es der Sommer der unbegrenzten Möglichkeiten. Ich ging mit verschiedenen Mädchen aus, manchmal gelang mir das ganz gut, manchmal war ich auch hoffnungslos nervös. Mädchen verwirrten und verunsicherten mich. Als ältester von drei Brüdern hatte ich bis dahin nicht viel Gelegenheit gehabt, mich mit diesen geheimnisvollen Wesen vertraut zu machen.

Dann kam der Tag, an dem ich mich zu einem Blind Date mit einer angehenden Krankenschwester namens Ruth verabredet hatte. Nie hätte ich gedacht, dass dieser Tag mein ganzes Leben auf den Kopf stellen würde. Ich wollte mit ihr in eine gemütliche Pizzeria gehen und erwartete im günstigsten Fall, dass ich mit einem hübschen Mädchen einen angenehmen Abend haben und ein bisschen flirten würde.

• • •

Sie war wirklich hübsch. Das ist sie übrigens auch heute noch! An den Geschmack der Pizza kann ich mich überhaupt nicht erinnern. Aber diese blauen Augen, in die ich an jenem Abend schaute, waren unvergesslich, ebenso wie ihr reifes Wesen. Für mich stand schnell fest, dass sie eine der interessantesten Frauen war, mit der ich jemals geredet hatte. Bis heute hat sich daran nichts geändert.

Dann kam Unheil verkündende Post vom Wehrdienstbüro. Ruth meint, ich hätte sie nach unserer ersten Begegnung einen Monat lang nicht angerufen. Ich denke, es waren vielleicht sogar zwei Monate. Nicht dass ich mich nicht für sie interessiert hätte, aber ich war noch sehr unreif und wusste nicht genau, wo mein Leben hinsteuern würde.

Aber dann, einen oder zwei Monate später, rief ich sie endlich an. Von da an interessierte mich keine andere Frau mehr außer Ruth.

Doch genau zu der Zeit begann meine Grundausbildung beim Militär. Ruth verabschiedete mich mit liebevollen Worten. Mir war sehr wohl bewusst, dass noch nie eine Frau so mit mir geredet hatte.

Dann gingen die Briefe zwischen uns hin und her. Ein Brief von ihr war für mich immer das Highlight des Tages. Sie war eine junge Krankenschwester, gerade fertig mit ihrer Ausbildung und neu in einem Beruf, in dem sie mit vielen menschlichen Schicksalen konfrontiert wurde. Nur zu oft ging es bei ihrer Arbeit um Leben und Tod. In ihren Briefen schüttete Ruth mir ihr Herz aus und ich versuchte, sie ebenso offen an dem teilhaben zu lassen, was mich bewegte. Ich bin froh, dass wir unsere Gefühle füreinander zu Papier brachten und uns einander ehrlich mitteilten. Es war ein lebhafter Briefwechsel zwischen Grand Rapids und Colorado Springs, wo ich damals stationiert war.

Wenn ich Heimaturlaub hatte, verbrachten wir jede freie Minute zusammen. Ruth zog bei meinen Eltern ein, um Geld zu sparen. Eines Tages, kurz nachdem ich wieder nach Colorado gefahren war, nahm mein Vater sie mit zu einem Juwelier und suchte mit ihr zusammen die Verlobungsringe aus.

Als Ruth mich das nächste Mal in Colorado besuchte, bot sich ihr ein wenig schöner Anblick: Ihr strammer Soldat lag im Krankenhaus, entkräftet und elend, mit roten Augen und rasselndem Husten. Doch wenigstens hatten wir diese Ringe. Zumindest an dieser Front lief alles nach Wunsch.

Ich hatte eine so schwere Lungenentzündung, dass ich es nicht einmal fertigbrachte, vor ihr auf die Knie zu gehen, um ihr die alles entscheidende Frage zu stellen. Doch das Thema kam trotzdem auf und sie hatte die Güte, meine Bitte nicht abzuschlagen... sie sagte Ja! So krank ich auch war, in diesem Augenblick durchströmte mich ein unbeschreibliches Glücksgefühl.

## Die tanzenden Lichter

Das Grün und das Blau im Himmel faszinierten mich sehr, aber die Farbe, die alles dominierte, war Weiß. Weiß! Ich meine damit nicht den häufig beschriebenen Tunnel mit dem weißen Licht am Ende. So ein Tunnel kam auf meiner Reise nicht vor. Vielleicht nächstes Mal?

• • •

Weiß und Rot sind meine Lieblingsfarben. Alle Autos, die wir jemals hatten, waren entweder weiß oder rot.

Doch das Weiß im Himmel war – wieder einmal – mit nichts, was ich davor gesehen hatte, zu vergleichen. Da waren Anteile eines brillanten Weißtones, verwoben mit Opalsteinweiß, milchigem Mondlichtweiß, unendlich viele Abstufungen verschiedener Weißtöne, die sich überlagerten und ein riesiges Bouquet bildeten, das mich an einen Brautstrauß aus weißen Lilien erinnerte: Weiß neben Weiß neben Weiß ... und jeder Ton war einzigartig. Einige dieser Weißtöne kann man sich auf der Erde gar nicht vorstellen. Gott hat sie für uns aufbewahrt, damit wir sie später genießen können. All diese Weißtöne, die strahlenden und die zarten – sie bildeten ein herrliches Farbspiel.

Die vielen verschiedenen weißen Farben des Himmels waren, wie auch die anderen Farben dort, von unglaublicher Leuchtkraft und Intensität. Jetzt sehen wir alles wie in einem Spiegel, schrieb Paulus an die Korinther. Wir drehen eine Glühbirne in die Fassung und sie gibt uns genug Licht, um unsere Zeitung zu lesen und unsere Wäsche zu bügeln. Doch das Licht im Himmel kam nicht aus einer bestimmten Quelle. Es war immer in Bewegung und veränderte seine Form auf eine Weise, die mich völlig faszinierte. Was dem himmlischen Farbspiel am nächsten kommt, ist vielleicht das Polarlicht, das Ruth und ich vor ungefähr zehn Jahren auf einer Reise erlebten.

Wir flogen nach Anchorage, mieteten ein Wohnmobil und machten wochenlang den riesigen Staat Alaska unsicher. Oft genug staunten wir über das Polarlicht, das uns so fremd war und uns so faszinierte.

Die dortigen Cree-Indianer nennen diese Lichterscheinung am Himmel „die tanzenden Geister“. Tatsächlich ist es, als würden die Lichtblitze im Gleichschritt um den Polarkreis tanzen: Sie wirbeln durch die Luft, drehen sich um ihre eigene Achse und bilden ständig neue Muster in Rot, Grün, Lila, Blau und Rosé.

Die himmlischen Lichter strahlten auf, vereinten sich, flossen auseinander... sprangen, hüpften, drehten sich, wirbelten, pulsierten – es war ein wilder Tanz, dem Tanz der Polarlichter ähnlich.

Aber andererseits lässt sich das, was ich im Himmel sah, auch wieder überhaupt nicht mit dem Tanz der Lichter in Alaska vergleichen... eigentlich gibt es nicht einmal den Hauch einer Ähnlichkeit.

## Die Antwort hieß „Nein“

Ruth sagte zur ersten Frage Ja. Doch dann musste ich eine zweite Frage stellen und zu dieser sagte Ruth Nein.

Nur noch wenige Wochen trennten uns von unserer Hochzeit, als ich für zwei Jahre in Deutschland stationiert werden sollte. Das war eine enorme Komplikation meines Lebens. Da hatte ich gerade meine Traumfrau erobert und dann kam das Militär dazwischen und alles brach zusammen. Ich hatte ja geahnt, dass Ruth nicht begeistert sein würde. Der Hochzeitstermin stand fest, das Kleid war genäht, die Torte war bestellt. Mithilfe meiner Mutter hatte Ruth Hunderte von Einladungskarten auf den Weg gebracht. Ich wusste immer noch nicht viel über Frauen, aber mir war klar, dass es jetzt schwierig werden würde. Andererseits, was sind schon zwei Jahre, wenn ein Mann und eine Frau sich wirklich lieben?

Aufgeregt ging ich in meiner Kaserne in Colorado in eine öffentliche Telefonzelle und wählte Ruths Nummer. „Kannst du bitte zwei Jahre auf mich warten", fragte ich ängstlich, „bis ich aus Deutschland zurückkomme?"

„Nein", antwortete sie kurz. Mir fiel tatsächlich der Hörer aus der Hand, so erschrocken war ich.

*Nein?* Mit dieser Antwort hatte ich nicht gerechnet. Glücklicherweise stellte sich schnell heraus, dass ihr Nein dem Verschieben unserer Hochzeit galt, nicht mir. Die Armee war so entgegenkommend, mir einen kurzen Urlaub zu geben, um zu heiraten, ehe Ruth und ich gemeinsam nach Deutschland gingen.

Ruth und ich riefen jeden einzelnen unserer Gäste an, um die Vorverlegung unserer Hochzeit bekannt zu geben. Am 9. Juli 1957 war es so weit: Ruth wurde meine Ehefrau. Seither ist sie die Frau an meiner Seite, durch dick und dünn, in reichen und kärglichen Zeiten, in Krankheit und Gesundheit – sogar, im wörtlichen Sinn, bei allen Abenteuern zwischen Himmel und Erde.

Die Hochzeitsreise war kurz und von Unsicherheit gekennzeichnet. Hoffnung und Verlangen überlagerten die vielen Fehler, die unsere Unwissenheit hervorbrachte.

Dann ging alles ganz schnell, wir packten und reisten ab. Jung, wie wir waren, schien eine vielversprechende Zukunft vor uns zu liegen. Meine Frau erschien mir wie ein Abenteuer: ein Gebirge, das es zu erklimmen galt, ein Tal, das ich durchmessen wollte. Sie war voll wunderbarer Geheimnisse, die sich am Horizont andeuteten.

Mittlerweile sind wir seit über einem halben Jahrhundert zusammen unterwegs und haben mehr Berge bestiegen, als ich zählen kann. Doch am Anfang stolperten wir eher über ein paar Maulwurfshügel. Es ist mir fast peinlich zuzugeben, über welche Verhaltensweisen meiner Frau ich in den ersten Monaten gestolpert bin. So musste ich zu meinem Entsetzen feststellen, dass diese Schönheit, die nun mit mir zusammenlebte, die Zahnpastatube nicht vom Ende her aufrollte, sondern einfach in der Mitte zusammendrückte.

Für sie war es auch nicht immer einfach. Ihre Schwiegermutter hatte ihre drei Söhne hemmungslos verhätschelt. Verwöhnt von meiner Mutter, stellte ich überrascht fest, dass Ruth meine Unterhemden und Unterhosen nicht bügeln wollte. „Tut mir leid“, erklärte sie und ihre Stimme klang dabei gar nicht so, als würde es ihr leidtun, „aber das werde ich nicht tun.“ Daran war nicht mehr zu rütteln. Es gab nur zwei Möglichkeiten: Entweder ich bügelte meine Unterwäsche selbst oder ich würde sie zerknittert tragen müssen.

Heidelberg war unsere neue Heimat. In einer kleinen Kirche innerhalb der Kaserne fanden wir neue Freunde. Schon bald nach unserer Ankunft wurde ich zum Verwaltungschef aller Einheiten in Europa befördert. Damit stand ich 30 000 Soldaten vor. Einer meiner Schutzbefohlenen war der Soldat Elvis Aaron Presley, der zur gleichen Zeit wie ich in Deutschland stationiert war. Welche Männer waren im Dienst, welche hatten frei? Wer war krank? Ich nahm meine

Aufgabe sehr ernst. Doch unsere größte Sorge war, dass Russland die Atombombe zünden könnte.

Offensichtlich nahm ich mich selbst auch viel zu ernst, sonst hätte ich mich nicht über Zahnpasta und ungebügelte Unterwäsche aufgeregt. In diesen Dingen schoss ich klar übers Ziel hinaus.

Unsere größte Streitfrage war, ob man am Sabbat picknicken darf oder nicht. Heute gehe ich auch sonntags picknicken, aber damals war das für mich schwierig. Ich hatte bis zur Ehe unter dem Regime der strengen, holländischen Marjorie Besteman gelebt, die der reformierten Kirche angehörte. Das machte mir nun ordentlich zu schaffen. Meine Braut konnte sich dagegen nicht erklären, was daran falsch sein konnte, am Tag des Herrn eine Decke auf die Wiese zu legen, sich daraufzusetzen, russische Eier zu essen und Fanta zu trinken. Hatte der Herr selbst nicht die Wiese, die Eier und die Fanta für uns geschaffen, um uns damit zu erfreuen? Wörtlich sagte sie: „Das ist das Dümmste, was ich jemals gehört habe."

Wir diskutierten, bis ich mich ihrem Verständnis über den Tag des Herrn anpasste. Ich sah auch ein, dass in Zukunft niemand außer mir meine Unterwäsche bügeln würde. Ich gab sogar meine Zahnpastatubenregelung auf und begann, in die Mitte der Tube zu drücken, genau wie meine geliebte Frau.

Ruth hatte sich also eine Menge Ärger eingehandelt, als sie damals durch die Kirche schritt, meine Hand hielt und den Pastor sagen hörte: „Liebe Gemeinde, wir sind heute zusammengekommen, weil dieser Mann und diese Frau in den heiligen Stand der Ehe treten möchten." Schon bald nach diesem Tag wurde ihr bewusst, dass sehr viel Arbeit vor ihr lag.

Aber ich liebe die Flammen, die aus ihren Augen schießen, wenn sie zu irgendeinem Thema Dampf ablässt. Das Leben soll ja Spaß machen und es kann tatsächlich Spaß machen, Probleme gemeinsam zu lösen, mit Verschiedenheiten klarzukommen und um innere Übereinstimmung zu ringen. Da können schon mal die Fetzen fliegen, wenn ein temperamentvoller holländischer Amerikaner und eine in ihn verliebte Frau bei einem Thema aneinandergeraten, das ihnen beiden wichtig ist. Doch auch das kann wie ein Feuerwerk sein, grell, stark und bunt, wenn auch mit viel Getöse.

## Feuerwerk am Himmel

Der 4. Juli gehört zu meinen liebsten Feiertagen. Ich liebe es, wenn die Burger auf dem Grill brutzeln, die roten, weißen und blauen Fahnen bei dem Umzug in Byron Center, Michigan, wehen und das Feuerwerk am dunklen Himmel explodiert.

Das Lichtspiel im Himmel erinnerte mich nicht nur an das Polarlicht, es lässt sich auch mit einem Feuerwerk vergleichen.

Das himmlische Licht explodierte wie Feuerwerkskörper, dröhnte und krachte (allerdings verlangte im Himmel niemand, dass man Ohrenschutz tragen sollte, wie es einem hier unten teilweise nahegelegt wird). Es verzierte den Himmel mit den schönsten Mustern und Bildern, wie Torten,

Spinnen, Blüten und darüber hinaus mit allen möglichen anderen Formen, die es auf der Erde nicht gibt.

Alle denkbaren Farben – unzählige verschiedene Abstufungen von Lila, Rot, Blau, Silber, Grün und Weiß – verschmolzen miteinander und strahlten in vielen Spektren. Ich stand in der Schlange vor dem Tor, doch jedes Mal, wenn ich meinen Blick hob, sah ich wieder ein neues Muster und Farbspiel am Himmel.

Wer sich Sorgen macht, ob es ihm im Himmel langweilig werden könnte, weil er womöglich nur auf einer Wolke zwischen Harfe spielenden dicklichen Engeln sitzen darf, den kann ich beruhigen.

Schon allein wegen der Lichtshow wird es einem dort nie langweilig werden.

Manchmal sah es aus, als würde eine riesige, bewegte Farbkugel platzen, und unendlich viele Farben spritzten über den Himmel, direkt über mir, wie ein Feuerwerk, wie am 4. Juli.

Andererseits kann man das, was ich im Himmel sah, überhaupt nicht mit dem Feuerwerk von Byron Center in Michigan vergleichen. Es ist etwas total anderes.

## Eine Schale voller Glühwürmchen für die Reise

Allmählich lernten Ruth und ich, zwischen den wesentlichen und den unwesentlichen Dingen zu unterscheiden. Zahnpasta und gebügelte Unterwäsche zählten zur zweiten Kategorie …

• • •

Bald schon wurde ich Vater und unsere Kinder und Enkel füllen seither mein Leben mit strahlendem Licht.

Wir waren immer noch in Heidelberg, als Ruth mit Julie, unserem ersten Kind, schwanger wurde. Unsere deutschen Vermieter waren sehr traurig, als wir ihnen mitteilten, dass wir bald wieder in die Vereinigten Staaten zurückkehren würden. Wir hatten trotz aller Sprachprobleme eine enge Freundschaft. Das Leben in Deutschland gefiel uns sehr. Aber die Armee rief ihre Leute grundsätzlich nach zwei Jahren zurück. Daran ließ sich nicht rütteln: Unsere Zeit war abgelaufen. So packten wir unsere Sachen und reisten zurück.

Als ich unsere kleine Tochter Julie zum ersten Mal in den Armen hielt, platzte ich fast vor Stolz und Liebe. Sie war leicht wie eine Feder und ich hatte Angst, sie könnte wieder davongeweht werden. Irgendwie schaffte ich es, sie nicht fallen zu lassen. Dann beschenkte Gott uns mit einer weiteren Tochter, Amy, die fünf Jahre später zur Welt kam. Darauf folgte unser Sohn Mark, wiederum nach fünf Jahren.

Ich genoss jeden einzelnen Augenblick, den ich mit meinen Kindern verbrachte. Es war faszinierend, ihre Entwicklung zu beobachten und zu erleben, wie sich ihr Verstand und ihr Körper entfalteten. Als sie klein waren, verbrachte ich viele Stunden mit ihnen. Ich erinnere mich an den salzigen Geschmack ihrer Wangen, wenn ich die Tränen mit Küssen bedeckte. Da waren die ersten Schultage, ihre selbstgemalten Bilder, ihre ersten Versuche, Flöte zu spielen, später dann Trompete und Horn – so viele große und kleine Ereignisse und Entwicklungsschritte brachten meine Augen und mein Leben zum Leuchten. Ich habe meine Kinder in all den Jahren von Herzen geliebt, daran änderte sich nie etwas. Die Freude, die sie mir bereiteten, wird in mir immer lebendig bleiben. In schweren, dunklen Zeiten waren sie es, die mich wieder aufheiterten und mir Mut machten.

Eine der schwersten Erfahrungen meines Lebens war, als unser kleiner Sohn William John starb. Er durfte nur zehn Stunden leben. Über ihn und die anderen Babys, die ich im Himmel sah, werde ich später noch ausführlich berichten. Nur wer selbst ein Kind verloren hat, kann nachvollziehen, wie tief unser Schmerz ging, als William starb.

Ruth und ich lernten allmählich, wie man mit Verschiedenheiten umgehen kann, genau wie alle Paare das lernen müssen: indem man sie einfach durchschreitet. Wir waren beide fest entschlossen, uns von den Herausforderungen zusammenschweißen zu lassen. Nichts sollte unsere Einheit gefährden. Wir wussten auch nicht, warum das Leben mitunter so von Dunkelheit überschattet war, aber in einem waren wir uns sicher: Entscheidend war nicht, was uns widerfuhr, sondern was wir daraus machten.

Als Ehemann und Vater musste ich viel lernen über Ehe und Elternschaft, über Liebe und die wirklich wichtigen Dinge im Leben. Wie viel ist seit damals passiert! Wir hatten Zeiten größter Freude und tiefster Traurigkeit, aber immer war Ruth mein Leuchtturm. Ihr Licht half mir, mich zu orientieren, ihre Liebe und ihre Weisheit erhellten die düsteren und die besser erkennbaren Wegabschnitte.

Mit Ruth schenkte mir mein himmlischer Vater eine Schale voller Glühwürmchen, ohne die ich meine Reise durchs Leben nicht hätte machen wollen. „Bitte schön, mein Sohn", sagte er vielleicht lächelnd, als er mir das leuchtende Gefäß überreichte. „Dein Pfad wird streckenweise dunkel und Furcht einflößend werden. Aber ich werde immer bei dir sein und deinen Weg erhellen. Diese Frau gebe ich dir als zusätzliches Licht dazu, weil ich dich liebe."

Heute, nach vierundfünfzig Ehejahren, erlebe ich ihre bereichernde Anwesenheit intensiver als je zuvor. Wenn wir uns unerwartet unterwegs begegnen, spüre ich, wie Musik in meinem Herzen erklingt. Wenn wir mit anderen Menschen zusammen sind und unsere Blicke sich treffen, dann ist es, als würde sie mir genau die Worte in den Mund und die Gedanken ins Herz legen, die ich in diesem Moment brauche. Fahre ich abends nach Hause, muss ich mich sehr beherrschen, weil ich sonst fester aufs Gaspedal trete, je mehr ich mich unserem Haus nähere. Es ist immer noch ein Höhepunkt des Tages, wenn sie von irgendwoher zurückkommt und wir uns an der Tür mit einem Kuss begrüßen. Ist das die Gefühlsduselei eines alten Mannes? Vielleicht.

Wenn ich an den vor mir liegenden Weg denke, sehe ich einen alten Mann und eine alte Frau, die Hand in Hand der Sonne entgegengehen. Ich weiß genau, dass das Ende noch schöner sein wird als der Anfang.

## Auf ewig im Licht

Nach meiner Reise in den Himmel fragte mich Ruth, ob ich dort oben auch an sie gedacht hätte. Hatte ich an unsere Kinder und Enkel gedacht? Sie stellte diese Fragen auf die für sie typische Art: weder fordernd noch vorwurfsvoll, sondern ganz ohne Unsicherheit, ganz neutral und einfach nur neugierig.

Meine Antwort lautete: Nein, ich habe nicht an meine Angehörigen gedacht, obwohl ich sie von ganzem Herzen liebe. Im Gegenteil, hätte Petrus mir von Gott ausgerichtet, dass ich selbst entscheiden darf, ob ich zurückgehen oder bleiben will, da hätte ich mich ohne Zögern fürs Bleiben entschieden.

Wie gerne hätte ich an diesem Ort der Schönheit verweilt, mit all dem tanzenden Licht und dem ständigen Feuerwerk der Farben. Ich hätte jeden Lichtschimmer, jeden hellen Strahl und alle Muster und Klänge auf ewig genossen. Dabei machen Licht und Farben nur einen ganz kleinen Teil der himmlischen Attraktionen aus.

Er ist das eigentliche Zentrum aller Faszination. Er ist die Sonne, der Mond und alle Sterne – alles. Eines Tages wird der Sohn Gottes auf die Erde zurückkehren. Mögen wir dann geistlich gefestigte Persönlichkeiten sein, die von seiner Güte geformt wurden. Nichts soll uns voneinander und von ihm trennen.

Dann werden Ruth und ich und alle, die wir lieben, auf ewig in seinem herrlichen Licht schwelgen.

• • •

# 4

# An der Himmelspforte

Die Engel hatten mich am Tor des Himmels abgesetzt. Erstaunlicherweise war ich weder nervös noch ängstlich. Im Gegenteil – ich war voller Kühnheit und Staunen. Obwohl ich gerade in einem mir fremden Reich angekommen war, empfand ich totale Gelassenheit. Ein tiefer Friede erfüllte mich. Ich war ernst, ruhig und entspannter, als ich jemals auf der Erde gewesen war. So betrat ich diese fremde Welt.

Sofort sah ich diese riesengroße Tür. Sie war mehrere Stockwerke hoch und in eine Mauer eingefügt. Die Mauer schien das vor mir liegende Reich in beide Richtungen zu umgeben. Ein Ende der Mauer konnte ich nicht ausmachen. Es war das größte Tor und es befand sich in der größten Mauer, die ich jemals gesehen hatte – alles, was ich sah, übertraf alles, was ich bis dahin gekannt hatte.

Das Holz der Tür war dunkler als Eiche oder Esche. Wenn ich versuche, es mit einem irdischen Holz zu vergleichen, dann würde dunkles Mahagoni ihm wohl am nächsten kommen. Ein schlichtes Schnitzwerk schmückte die Tür, nichts

Übertriebenes, sondern stilvoll und edel, so schön, wie eine Holzschnitzerei nur sein kann. Funkelndes, tanzendes Licht umstrahlte die ganze Länge und Breite des Tores. War dies das in der Bibel zitierte Perlentor? Wenn ich von jeder Person, die mir diese Frage stellte, einen Dollar bekommen hätte, dann hätte ich mir einen neuen Golfschläger kaufen können.

Nein, das Tor erinnerte mich nicht direkt an eine Perle. Aber darauf werde ich später noch eingehen.

Die Tür schien nach oben nicht begrenzt zu sein, zumindest ragte sie weiter in den Himmel, als ich sehen oder ahnen konnte, und verschwand dann vor meinen Augen in einer Höhe von sechs bis zehn Metern in einer Wolke aus Dunst oder Nebel.

Dazu ragte aus dem riesigen Tor ein Türgriff, eine alte, hölzerne, horizontal angebrachte Stange, die sehr robust aussah und etwa siebzig Zentimeter lang und fünfzehn Zentimeter dick war.

## Tourist im Himmel

Es waren etwa fünfunddreißig Personen vor mir in der Schlange. Ich wusste, dass ich im Himmel war, auch wenn mir das niemand gesagt hatte. Auch allen anderen schien das klar zu sein. Niemand fragte seinen Nebenmann: „Wo bin ich? Wie habe ich mich hierherverirrt?"

Man sah es den Menschen an, dass sie wussten, wo sie waren. Alle lächelten. Keiner wirkte erschrocken oder überwältigt. Alle hatten diesen überaus zufriedenen Gesichtsausdruck. Vielleicht wurde deshalb nicht geredet. Wir waren alle erfüllt von Frieden, Freude und vollkommenem Glück.

Jedes der Gesichter schien mit seinem Lächeln zu sagen: „Wir haben es geschafft! Endlich, endlich sind wir am Ziel!" Wir waren zu Hause angekommen und wussten das genau.

Byron Center in Michigan, mein aktueller Wohnort, ist so homogen, wie eine Stadt nur sein kann – leider. Ich bedauere das, weil ich es schön finde, wenn viele verschiedene Kulturen zusammenleben und sich gegenseitig bereichern und befruchten. Ich reise gern und finde andere Länder, Menschen, Speisen und Traditionen unglaublich spannend. Aber in Byron Center sind alle irgendwie gleich, einförmig grau, mit nur geringen Abstufungen. Außer mir gibt es noch unzählige weitere Holländer, die alle ein gewisses Alter und einen gewissen Lebensstil haben. Tatsächlich kann man bei uns keinen Golfball schlagen, ohne den Kopf eines holländischen Einwohners zu treffen.

Im Himmel war das ganz anders. Selbst unsere vergleichsweise kleine Gruppe von rund drei Dutzend Wartenden setzte sich aus den unterschiedlichsten Hautfarben, Kulturen und Trachten zusammen. Ich trug meine Alltagskleidung, ein Poloshirt und eine beige Stoffhose. So bin ich meistens angezogen. Die lächelnden Menschen, die mit mir in der Schlange standen, stammten aus allen Teilen der Erde und waren ganz unterschiedlich gekleidet. Ich stellte fest, dass wir aus sehr vielen verschiedenen Nationen stammten: aus Skandinavien, Asien, Afrika und dem Nahen Osten. Einige der Menschen kamen aus einfachen afrikanischen Stämmen.

Sie waren in weite, fließende, bunte Tücher gehüllt und trugen Sandalen.

Der Mann vor mir in der Schlange kam offensichtlich aus dem Nahen Osten. Ein paar Jahre später bereiste ich die Türkei und kam in eine Gegend, in der ich mich plötzlich an ihn erinnerte. Er musste wohl aus dieser Gegend gekommen sein, war vermutlich Ende fünfzig oder Anfang sechzig und trug einen weiten, braunen Kaftan, der so wirkte, als hätte er darin auf der Erde geschlafen. Auch seine Hosen waren ausgebeult und sehr weit, dazu trug er irgendeine Art von Kopfbedeckung. Vielleicht war er ein Hirte oder ein Kleinbauer. Er erinnerte mich an einen Bauern aus historischen Zeiten. Die modernen Menschen auf den Straßen Istanbuls sahen ganz anders aus.

Die meisten Menschen, die mich im Himmel umgaben, waren etwa in meinem Alter oder älter. So soll es ja auch sein: Dass Menschen erst sterben, wenn sie hochbetagt sind. Manche von ihnen waren deutlich älter als ich, doch die meisten Männer in der Schlange waren zwischen fünfzig und siebzig Jahren, die Frauen waren eher siebzig bis neunzig Jahre alt.

Es standen aber auch drei Kinder in der Schlange. Sie waren alle ungefähr vier oder fünf und standen nicht so still wie wir, sondern liefen herum und verließen immer wieder ihren Platz in der Reihe, so wie Kinder eben sind. Auch sie hatten ein riesengroßes Lächeln im Gesicht.

Es gibt kaum etwas Schlimmeres als den Tod eines Kindes. Diese Kinder waren zweifellos gestorben, sonst hätten sie nicht hier vor der himmlischen Pforte gestanden. Über ihre Angehörigen war großes Leid hereingebrochen, vielleicht der tiefste Schmerz, den ein Mensch erleben kann. Ich wünschte, mir wäre das damals erspart geblieben, aber wir mussten auch durch dieses Tal gehen. Was ich jetzt schreibe, kommt von jemandem, der weiß, was es heißt, ein Kind zu verlieren. Ich sage die folgenden Worte nicht leichtfertig. Aber ich kann allen, die um ein Kind trauern, versichern, dass diese Kinder, die ich sah, sehr gerne an diesem Ort waren. Ihre Augen strahlten, sie sprühten vor Leben und warteten vergnügt darauf, an dem großen Tor an die Reihe zu kommen.

## Das geheimnisvolle indische Baby

Bald darauf würde ich sehr viele Babys im Himmel sehen, gleich hinter dem Tor, aber solange ich noch in der Schlange stand, sah ich nur dieses eine Baby. Es sah wie ein indisches Baby aus und war so winzig, dass ich annehme, es ist schon an seinem ersten Lebenstag gestorben.

Dieses Kind und die zwei Menschen, die mit ihm kamen, sind mir bis heute rätselhaft. Ein etwa fünfzigjähriger Mann trug das Baby, aber ich hatte das Gefühl, dass er nicht der Vater war. Er kam mir eher so vor, als würde er den winzigen Jungen für eine Frau tragen, die vor ihm in der Schlange stand. Alle drei waren Inder und sie schienen sich auch zu kennen. Die junge Frau war etwa fünfundzwanzig Jahre alt und sah sehr hübsch aus. Sie stand ganz nahe bei dem Mann und dem Baby. Die meiste Zeit stand sie falsch herum in der Schlange und sah das Baby an, als könnte sie sich nicht von seinem Anblick losreißen.

Zwei Dinge waren mir dabei rätselhaft. Ich war mir ziemlich sicher, dass der Mann nicht der Vater des Kindes war. Er sah einfach nicht väterlich aus und es schien ihm etwas unangenehm zu sein, das Kind zu halten. Es gibt zwar Kulturen, in denen es unüblich ist, dass Männer Babys auf dem Arm halten, auch wenn es ihre eigenen Kinder sind. Doch darüber hinaus fühlte ich, dass er nicht mit dem Kind verwandt war oder zumindest nicht sein Vater sein konnte.

Er hielt das Kind behutsam, aber nicht zärtlich, und war etwas steif, als hätte er Angst, es fallen zu lassen. So fragte ich mich, in welcher Beziehung der Mann zu dem Kind und der jungen Frau stand, von der ich annahm, dass sie die Mutter war. Es sah so aus, als wären die drei Personen zusammen gestorben, aber natürlich konnten sie auch unabhängig voneinander gestorben sein. Einige, denen ich die Geschichte erzählte, vermuteten, der Mann könnte der Vater der jungen Frau und der Opa des Kindes gewesen sein. Vielleicht war es auch ihr Taxifahrer und sie waren alle bei einem Verkehrsunfall ums Leben gekommen. Ich weiß es nicht. Aber ich hatte den Eindruck, dass die junge Frau das Kind gerade eben erst geboren hatte.

Eine zweite Frage gab mir Rätsel auf. Mir blieb unklar, warum die junge Mutter ihr Kind nicht selbst trug. Alle Schwäche und Krankheit und sämtliche Verletzungen sind in dem Augenblick geheilt, in dem man auf dem himmlischen Boden ankommt. Selbst wenn sie während der Geburt gestorben sein sollte, so war sie jetzt doch wieder vollkommen hergestellt. Kann es sein, dass sie von den Strapazen der Geburt noch zu schwach war, um es selbst zu halten?

• • •

Ich jedenfalls hatte einen völlig neuen, gesunden Körper, kaum dass ich dort oben angekommen war. Es war ein wunderbares Gefühl. In meinem Krankenhausbett in Ann Arbor hatte ich entsetzliche Schmerzen, war sehr schwach und es ging mir körperlich so schlecht wie nie zuvor in meinem Leben. Doch als ich dann vor diesem Tor in der Schlange stand, ging es mir blendend. Ich fühlte mich wieder wie ein Teenager, voller Energie, hellwach und voll konzentriert, dazu stark und gesund. Marv Besteman war vollkommen wiederhergestellt. Es ging mir besser als jemals zuvor. Ich fühlte mich sogar stärker als damals in meiner Zeit als Hockeyspieler für die Universität von Michigan.

Es war einfach wunderbar, wie gut ich mich fühlte. Wenn Gott verspricht, dass er unseren Körper erneuert und lebendig macht, dann meint er das genau so. Umso weniger verstehe ich, warum die junge Frau jemanden brauchte, der das Baby für sie hielt. Aber Gott kennt die Geschichte all dieser Personen, die mit mir in der Schlange standen. Er weiß genau, was bei jedem seiner Kinder vorgefallen ist. Wenn ich das nächste Mal in den Himmel komme, werde ich ihn dann fragen.

Auf jeden Fall war ich ziemlich damit beschäftigt, meine Umgebung zu beobachten, während ich vor dem Tor wartete. Dazu kam noch diese liebliche Musik, die im Hintergrund gesungen und gespielt wurde. Ich habe nie einen reineren, lieblicheren Klang gehört. Gleichzeitig lief diese gigantische Laserlichtshow. Es gibt auf Erden nichts Vergleichbares, das mit diesem Farbspektakel, das am blauen Himmel über mir ablief, mithalten könnte.

• • •

Welche Schönheit am Himmel und rings um mich her! Ich konnte es gar nicht alles aufnehmen. Die Farben waren prächtig und von ausgesprochener Brillanz. Das Licht war schöner als zehntausend Feuerwerke, die gleichzeitig losgingen, aber keinen Lärm verursachten. Es war sehr viel Bewegung und Vielfalt in dem Licht – ich war vom ersten Augenblick des Ankommens bis zu dem Moment, als ich mit Petrus im Tor stand, völlig fasziniert davon.

Die Menschen, die vor und hinter mir standen, betrachtete ich nur kurz, denn die meiste Zeit sah ich mich in dieser fremden, herrlichen Welt um und staunte über all das Schöne, von dem ich umgeben war.

Als ich das nächste Mal auf die Menschen vor mir achtete, bemerkte ich, dass die junge Frau, die so intensiv auf ihr Baby geschaut hatte, auf Platz eins in der Schlange vorgerückt war. Zwischen den drei Indern und mir waren noch vier oder fünf Personen. Der indische Mann stand hinter der Frau, aber zu meiner Verwunderung war das Baby nicht mehr da. Anscheinend war der kleine Junge vor den Erwachsenen an der Reihe gewesen. Wie war er hineingekommen? Ich hatte in dem Moment nicht hingesehen. Vielleicht hatte der Mann das Baby an Petrus abgegeben, aber ich weiß es nicht. Gleichzeitig hatte ich dieses Wissen, dass man das Baby gar nicht tragen musste, denn es konnte sicherlich selbst durch das Tor schweben. Später bewahrheitete sich diese Annahme, als ich die vielen Babys hinter dem Tor sah.

Wir waren hier in einer anderen Welt und Dinge funktionierten anders. Die Schwerkraft war aufgehoben, seit wir die Erde hinter uns gelassen hatten, ebenso wie andere

Beschränkungen, denen die Erde mit ihren Geschöpfen unterliegt. Gleich würde die Mutter des Kindes an der Reihe sein, dann der Mann, der zu ihr gehörte.

Es ging zügig voran. Doch selbst wenn die Wartezeit länger gewesen wäre, hätte niemand ungeduldig reagiert, genervt auf seine Uhr geschaut oder sich beschwert: „Wie lange geht das denn hier noch? Ich habe heute noch mehr vor…“ Nein, alle waren fasziniert von dieser neuen Welt. Wir alle waren entspannt und hatten Freude an dem, was um uns her zu sehen war.

Manchmal dauerte es länger, ehe sich die große Tür wieder öffnete, manchmal ging es schneller, aber bei den Personen, die noch vor mir waren, ging es recht schnell, etwa eine halbe Minute bis eine Minute pro Person. (Nur bei mir dauerte es deutlich länger, weil ich ein besonderer Fall war. Aber davon später mehr.) Während einer nach dem anderen durch das Tor gehen durfte, rückte auch ich immer weiter nach vorne. Bald würde ich ganz vorne stehen, direkt vor der Himmelspforte.

## Perlentore?

Schon seit der Zeit der ersten Christen haben die Gläubigen sich über die zwölf Perlentore ihre Gedanken gemacht. Zum ersten Mal taucht diese Vorstellung in dem Text auf, den Johannes als Offenbarung von Gott empfangen hat. Für uns ist die Vorstellung von den Perlentoren altbekannt, doch für die ersten Christen war sie ganz neu. Über die Jahrhunderte wurden diese Tore immer wieder thematisiert und diskutiert. Sie wurden in Bücher, Filme und Lieder aufgenommen – und sogar in Witze. Gleichzeitig erstaunt mich immer wieder, wie viel Unsicherheit bei der Frage unter den Gläubigen herrscht. Werden sie eines Tages durch diese Tore gehen dürfen? Wie muss man sich die Tore vorstellen? Wer bewacht sie? Ist es wirklich Petrus? Wer wird hindurchgelassen?

Ich kann nur von dem berichten, was ich sah, solange ich dort war. Wie immer finden wir die wirklich verlässlichen Antworten nur in der Bibel.

Johannes schrieb über die Tore, während er auf der griechischen Insel Patmos gefangen war und eine Vision vom Himmel hatte. Bibelforscher gehen davon aus, dass er diese Vision etwa im Jahr 96 nach Christus hatte. Die Kreuzigung und die Auferstehung seines besten Freundes und Retters lagen mehr als ein halbes Jahrhundert zurück. Das spannende Buch der Offenbarung enthält die Niederschrift dieser Vision vom Himmel, zusammen mit fünfzehn anderen Visionen, die Johannes dort hatte. Ist es nicht interessant, dass das letzte Buch der Bibel uns einen Ausblick auf unsere zukünftige Heimat gibt? Wir sind für den Himmel geschaffen worden und die Vision oder Offenbarung des Johannes liefert uns Bilder, die unsere Vorfreude beflügeln.

Das erste Mal werden die Himmelstore am Ende der Offenbarung erwähnt:

*Der Geist nahm von mir Besitz, und in der Vision trug mich der Engel auf die Spitze eines sehr hohen Berges. Er zeigte mir die heilige Stadt Jerusalem, die von Gott*

• • •

*aus dem Himmel herabkam. Sie strahlte die Herrlichkeit Gottes aus und glänzte wie ein kostbarer Stein, wie ein kristallklarer Jaspis. Sie war von einer mächtigen, hohen Mauer mit zwölf Toren umgeben. Die Tore wurden von zwölf Engeln bewacht, und die Namen der zwölf Stämme Israels waren an die Tore geschrieben. Nach jeder Himmelsrichtung befanden sich drei Tore, nach Osten, nach Norden, nach Süden und nach Westen. Die Stadtmauer war auf zwölf Grundsteinen errichtet, auf denen die Namen der zwölf Apostel des Lammes standen.*
*Offenbarung 21,10–14*

Ich bin überzeugt, dass ich vor einem der drei Tore stand, die in jede Richtung der vierseitigen Mauer aufragen und die quadratisch gebaute Stadt einrahmen, die von strahlendem Licht erfüllt ist und himmlisches Jerusalem genannt wird.

Johannes sah vier Mauerseiten und zwölf Tore, aber ich habe keine Ahnung, vor welchem Tor ich war und in welche Himmelsrichtung ich blickte. Falls auf „meinem" Tor einer der Namen der zwölf Stämme Israels stand, so hatte ich das übersehen.

Auch heißt es bei Johannes, dass jedes Tor von einem Engel bewacht wird, aber ich sah dort nur Petrus.

Außerdem erinnerte das Tor überhaupt nicht an eine Perle. Nein, an eine Perle dachte ich zu keinem Zeitpunkt, während ich dort stand.

Woher kommt denn diese Vorstellung, dass die Tore aus Perlen wären? Sie findet sich ebenfalls in der Offenbarung, wo die Tore als große Perlen an den zwölf Eingängen

• • •

beschrieben werden: „Die zwölf Tore waren zwölf Perlen. Jedes Tor bestand aus einer einzigen Perle“ (Offenbarung 21,21a).

Es gibt einige Stellen in meiner Geschichte, die ich einfach nicht erklären kann. So auch diese. Andere Menschen, die den Himmel besuchen durften, erzählten von Toren, die sie an Perlen erinnerten. Und ich glaube ihnen. Aber mir hat Gott eine andere Vision gegeben, ein Bild vom Himmel, in dem ich ein Tor aus massivem, dunklen Holz sah, das in funkelndes Licht eingehüllt war. Ich kann es nicht ändern, das ist auch nicht nötig, Gott wird schon wissen, was er tut und wem er was zeigt.

Hier ist noch eine letzte Überlegung in Bezug auf das Tor: Meine geistlichen Leiter, denen ich sehr vertraue, haben mit mir und für mich gebetet, als ich anfing, von meiner Reise in den Himmel zu erzählen. Sie überlegten, dass die Tore vielleicht erst dann aus riesigen Perlen sein werden, wenn der neue Himmel und die neue Erde kommen. Vielleicht habe ich nur eine vorübergehende Bleibe besucht, in die die Gläubigen jetzt kommen, wenn sie sterben. Möglicherweise ist das noch nicht der neue Himmel, in den wir nach Jesu Wiederkunft kommen werden. Diese Überlegung fand ich auch interessant.

Meine geistlichen Leiter könnten recht haben, aber vielleicht lässt sich alles auch ganz anders erklären. Perle oder nicht, ich bin dankbar dafür, dass ich im Schatten dieses großen Tores stehen durfte.

• • •

## Wurde jemand abgewiesen?

Wenn ich von meiner Reise in den Himmel erzähle, wird mir eine Frage sehr oft gestellt: „Wurde auch jemand abgewiesen? Kam jemand wieder aus dem Tor heraus oder gingen die Leute immer nur hinein?“ Also, ich habe niemanden gesehen, der zurückkam, wenn er einmal durch das Tor hineingegangen war.

Warum stellen so viele Leute diese Frage? Ich vermute, dass manche Christen sich nicht hundertprozentig sicher sind, wo sie die Ewigkeit verbringen werden. Sie leiden unter dieser Unsicherheit und fragen sich insgeheim: Könnte es sein, dass ich abgewiesen werde? Dieselbe Frage beschäftigt sie auch in Bezug auf ihre Angehörigen. Vielleicht waren ihre Lieben nicht fest genug im Glauben oder sie lebten vor ihrem Tod nicht nach Gottes Willen?

Ich habe mit vielen Menschen gesprochen, die sich fragen, was sie tun sollen und in welchen Bereichen sie sich noch mehr anstrengen können, um es in den Himmel zu schaffen. Dieses falsche Denken ist leider sehr verbreitet.

Man kann sich kaum vorstellen, wie viele Fragen mir gestellt wurden und mit welchen Ängsten sich manche Menschen quälen.

Soweit ich das verstanden habe, waren alle Wartenden dort herzlich willkommen. Als ich an der Reihe war, standen schon wieder fünfzig oder sechzig Menschen hinter mir. Wir waren alle Kinder unseres Vaters im Himmel, Nachfolger Jesu und Bürger im Reich Gottes, zur ewigen Herrlichkeit bestimmt. Jeder, der vor mir an der Reihe war, bekam ohne

Umschweife Zutritt zu der Welt, die hinter dem Tor begann, der Welt Gottes und seines Sohnes, der Engel, unserer Lieben und all der Heiligen, die dort versammelt waren.

Nun war ich als Nächster dran.

Gleich würde ich durch diese Tür hindurchgehen. Da schwang sie auch schon auf und ich sah in das Gesicht des Mannes, den ich von allen Personen in der Bibel am meisten mochte, abgesehen von Jesus natürlich.

• • •

# 5

# Hallo Marv, ich heiße Petrus

Als der Mann durch die Tür kam, streckte er mir zur Begrüßung seine Hand entgegen. Seine Augen leuchteten freundlich. „Hallo Marv, willkommen im Himmel! Ich heiße Petrus."

Der Mann, der mir gegenüberstand und die Tür zum Himmel aufhielt, war der Apostel Petrus persönlich, der „Fels", auf den Christus seine Gemeinde baute, ein guter Freund von Jesus.

Zugegeben, ich starrte ihn sprachlos an. Das ist ja auch kein Wunder. Er war immerhin der Mann in der Bibel, den ich besonders bewunderte und in den ich mich besonders gut hineinversetzen konnte. Jetzt stand er vor mir und wollte mir die Hand schütteln.

Vielleicht hatten mich all die Schönheit der Lichter, Farben und Klänge abgelenkt, während ich vor dem Tor gewartet hatte, aber ich hatte bis zu diesem Moment nicht realisiert, wer dieser Mann war. Erst als er sich vorstellte, erkannte ich Petrus.

Es traf mich wie ein Blitz. *Du meine Güte, das kann doch nicht wahr sein! Petrus!* Das ist ja nicht mehr zu übertreffen. Doch es wurde übertroffen, weil ich im Himmel war. Immer wenn man dort denkt, das Glück lässt sich nicht mehr steigern, geschieht etwas, was noch besser ist.

Petrus hatte einen kräftigen Händedruck und sein Blick war warm und offen. Obwohl er einer der zwölf Jünger und einer der bekanntesten Männer des Christentums ist, wirkte er doch sehr bescheiden und natürlich, wie jemand, der nebenan wohnt oder im Laden um die Ecke arbeitet. Gleichzeitig sah er tatsächlich wie ein Fischer aus. Er hatte einen struppigen Bart, zerzaustes Haar und Kleider, die aussahen, als würde er sie schon seit tausend Jahren tragen und hätte in all den Jahren mit diesen Kleidern am Leib Netze eingeholt und Fische ausgenommen.

Um seine Taille hatte er einen leinenen Gürtel gebunden. Sein Gewand war in dunklem Grau, aus schwerem Material, ganz anders als die fließenden Stoffe der Engel. Er sah nicht annähernd schick oder „himmlisch" aus.

Ich staunte darüber, dass Petrus Arbeitskleidung zu tragen schien, richtige Fischersachen, robust und warm, ideal für stürmische Einsätze auf dem See Genezareth. Auf dem Wasser ist es stets kälter als an Land und entsprechend war seine Kleidung.

An den Füßen trug er Sandalen.

Petrus war knapp 1,80 Meter groß, kräftig und robust, mit breiten Schultern und schmalen Lippen. Er sah aus wie ein Ringer oder wie ein Bodybuilder, der das Gewichtheben nicht so intensiv betreibt, aber trotzdem sehr muskulös ist.

Mir schoss der Gedanke durch den Kopf: Wer mit Petrus in einen Streit geriet, dem würde er wie ein Fels entgegentreten und den Konflikt Auge in Auge austragen. Er wirkte sehr entschlossen, und ich war mir sicher: Dieser Mann würde als Fischer immer alles geben, egal wie hoch die Wellen waren.

Er hatte ein rundliches Gesicht, sein graues Haar war glatt, er hatte weder Locken noch Wellen, im Nacken trug er es etwas länger, aber selbst für mich als ordentlichen Banker sah die Haarlänge noch gepflegt aus. Trotzdem dachte ich, er sollte bald mal wieder zum Friseur gehen.

Ich schätzte Petrus auf ungefähr fünfundfünfzig Jahre. Seine Augen waren grau mit einem leichten Blauschimmer. Das überraschte mich ein wenig, denn die meisten jüdischen Männer haben doch dunkle Augen. Seine Nase passte perfekt in sein Gesicht, hatte die ideale Größe, war kräftig und gerade. Sein Lächeln wirkte überaus freundlich, worüber ich froh war.

Petrus machte den Eindruck, als würde er sich freuen, mich zu sehen. Warmherzig, persönlich, zuversichtlich und freundlich trat er mir entgegen. Er hatte alle Eigenschaften, auf die ich immer geachtet hatte, wenn ich einen neuen Mitarbeiter auswählen musste.

Als ich noch eine Bank leitete, musste ich auch die höchsten Stellen besetzen, und ich war immer auf der Suche nach Menschen, denen ich vollkommen vertrauen konnte. Petrus wirkte sehr glaubwürdig.

Wenn ich Bewerbungsgespräche führte, entschied ich oft schon nach fünf Minuten. Störte mich der Tonfall des anderen, flackerte sein Blick unruhig oder war das ganze Verhalten fahrig, wies ich ihn ab.

In all den Vorstellungsgesprächen suchte ich vor allem nach Personen, die Zuversicht ausstrahlten, entschlussfreudig, aber ohne aggressive Anteile waren, und freundlich, aber nicht manipulativ wirkten. Unsere Bank hatte die unterschiedlichsten Kunden – auch solche, die in ihrem ganzen Leben kein Lächeln über die Lippen brachten und überall, wo sie auftauchten, eine schlechte Stimmung verbreiteten. Zu meinen Aufgaben gehörte es auch, Mitarbeiter auszuwählen, die mit solchen Menschen umgehen konnten. Petrus hätte ich sofort eingestellt. Als Mitarbeiter einer Bank erfährt man viele Geheimnisse über andere Menschen und ich war mir sicher, Petrus würde sehr vertrauenswürdig mit diesen Informationen umgehen.

Unglaublich, der echte Petrus stand mir gegenüber! Petrus der Fels, der Freund, der Jünger, Apostel, Sünder und der Heilige. Er war als biblische Person ausgesprochen inspirierend, ich hatte mich so viel mit den Texten beschäftigt, die von ihm handelten, dass er mir fast wie ein Freund war, ein Mann, den ich gut zu kennen glaubte. Er war ein Vorbild, auch als Mentor hätte man ihn einsetzen können. Petrus war wie ich, in den guten und in den weniger guten Eigenschaften. War jetzt der Augenblick gekommen, in dem wir beide, wir entschlossenen, willensstarken Männer (manchmal auch störrischen Esel), Freunde werden konnten, echte Freunde?

Er stand etwa einen Meter von mir entfernt, ein guter Abstand, um sich zu unterhalten. Wir plauderten ein bisschen, aber ich weiß gar nicht mehr, worüber. Ich war so aufgeregt angesichts der Tatsache, dass ich meinem Helden aus der Bibel gegenüberstand, dass mir total entfallen ist, um was es in den ersten paar Minuten ging. Über das Wetter sprachen wir jedenfalls nicht.

„Petrus, weißt du, ich mochte dich immer am meisten von allen Personen in der Bibel“, verriet ich ihm.

„Wie kommt das?“, fragte er neugierig und mit einem leichten Lächeln.

„Weil du auch öfter etwas vermasselt hast, genau wie ich“, antwortete ich.

Sein Lächeln vertiefte sich und er nickte bedächtig, als würde er sagen: *Ich weiß genau, wovon du sprichst.* Wir verstanden uns auf Anhieb.

Petrus hatte viel falsch gemacht. Er war ein Hitzkopf und immer mal wieder gerieten seine Prioritäten durcheinander. Manche Situationen schätzte er falsch ein und sein Urteil war gelegentlich völlig daneben, was dem einen oder anderen sicher bekannt vorkommt.

Aber er war ein aufrichtiger, überzeugter Jünger Jesu, der bereitwillig seinen Beruf aufgab, um das riskante und gefährliche Leben seines Meisters zu teilen.

Dieser struppige Mann, der hier in seiner Fischerkleidung vor mir stand und mir mit verständnisvollem Lächeln und strahlenden Augen zunickte – dieser Petrus war einer der Männer, die die ganze Welt auf den Kopf gestellt hatten.

## Wer war Petrus?

Ich hatte mich schon immer für das Leben von Petrus interessiert, so gut man es eben aus der Bibel herauslesen kann. Aber nachdem ich ihm von Angesicht zu Angesicht begegnet war, wollte ich gerne noch viel mehr über ihn erfahren. Wer war dieser Türhüter des Himmels? Was für ein Leben hatte er geführt?

Der kantige Fischer hatte Jesus durch seinen Bruder Andreas kennengelernt. Die beiden Männer stammten aus dem Fischerdorf Bethsaida, was „Ort der Netze“ oder „Ort der Fischerei“ bedeutet. Das ist etwa so, als würde ich als Banker in einer Stadt wohnen, die „Stadt der Banken“ genannt wird.

Tagein, tagaus packten die Männer ihre Netze in die alten Boote, warfen sie aus und hofften auf einen guten Fang. Buntbarsche waren am lukrativsten. Heute kann man sie unter dem Namen „Petrusfisch“ in den Restaurants am See Gennesaret bestellen.

Die beiden Brüder stammten aus einer Familie von Fischern und wohnten im Ort Kapernaum, am nördlichen Ufer des Sees Gennesaret. Dort forderte Jesus sie auf, ihre Netze zurückzulassen und mit ihm zu gehen. Er wollte sie zu Menschenfischern machen.

Kaum hatte Andreas Jesus kennengelernt, eilte er zu seinem Bruder, um ihn zum Messias zu bringen. Gleich bei der ersten Begegnung veränderte Jesus dessen Namen: „Jesus sah ihn an und sagte: »Du bist Simon, der Sohn von Johannes. Du wirst einmal Kephas genannt werden.« Kephas ist das hebräische Wort für Petrus (Fels)“ (Johannes 1,40–42).

• • •

Von da an wich Petrus seinem Herrn nicht mehr von der Seite. Sie reisten zusammen durchs Land und schon wurde Petrus zum Sprecher der Jünger, von denen sieben weitere Männer auch Fischer waren.

Als Jesus ihn in seine Nachfolge rief, war Petrus ein erwachsener Mann, also möglicherweise wenig älter als Jesus. Er war verheiratet, was wir aus Markus 1,30 schließen können, wo erwähnt wird, dass Jesus seine Schwiegermutter heilte.

Wie war es wohl für die Frau von Petrus? Ihr Mann gab einfach seine Arbeit auf, vermutlich die einzige Einnahmequelle der Familie, um einem umstrittenen Propheten zu folgen. Als Petrus seiner Frau diese Entscheidung mitteilte, hätte ich gerne Mäuschen in seinem Haus gespielt.

Es ist auch bekannt, dass er keine Schulausbildung genossen hat, genau wie Johannes, der ebenfalls zu den drei engsten Freunden von Jesus gehörte. „Die Mitglieder des jüdischen Rates waren überrascht, mit welcher Sicherheit Petrus und Johannes sich verteidigten, obwohl sie offenkundig keine Gelehrten waren, sondern *einfache Leute*. Es war ihnen schnell klar, dass die beiden zur Gefolgschaft von Jesus gehörten“ (Apostelgeschichte 4,13).

Petrus war ein Praktiker, der aus einer einfachen Gegend stammte. Für gebildete Juden waren Petrus und seine Freunde *am harez*, „die Menschen vom Land“. Dieser Ausdruck war ziemlich geringschätzig. Wer so bezeichnet wurde, zählte zu den verachteten Menschen, die keine Kenntnis über die tieferen Zusammenhänge des Judentums und die Feinheiten des jüdischen Lebensstils hatten.

• • •

Als Petrus heranwuchs, lebte er in einem armen Dorf, in dem es viele Konflikte gab, weil die Römer es besetzt hatten. Ich kann mir zwar kaum vorstellen, was es heißt, in einem besetzten Land zu leben. Aber ohne viel Fantasie kann man sich denken, dass die jüdische Bevölkerung gerne auf die Römer in ihrem Land verzichtet hätte. Die Menschen sehnten sich nach jemandem, der sie endlich von den Besatzern befreien würde.

Dann trat Jesus auf und befreite Petrus auf eine ganz andere Art, als dieser sich Befreiung vorgestellt hatte und die er oft nicht richtig verstand. Petrus war dabei, als Jesus Wasser in Wein verwandelte und mit ein paar Fischen und Broten eine große Menge versorgte. Er ging auf dem Wasser und beobachtete, wie Jesus die Tochter von Jairus auferweckte und Lazarus aus dem Grab rief. Außerdem durfte er mitkommen, als Jesus auf dem Berg Tabor „verklärt" wurde: Staunend beobachtete Petrus, wie sein Freund Jesus mit Mose redete, dem größten Lehrer Israels, und mit Elia, dem größten Propheten. Beide waren seit Jahrhunderten tot. Dann sah Petrus plötzlich diesen göttlichen Glanz auf Jesus liegen:

*Sechs Tage später nahm Jesus die drei Jünger Petrus, Jakobus und Johannes mit sich und führte sie auf einen hohen Berg. Sonst war niemand bei ihnen. Vor den Augen der Jünger ging mit Jesus eine Verwandlung vor sich: Seine Kleider strahlten in einem Weiß, wie es niemand durch Waschen oder Bleichen hervorbringen kann. Und dann sahen sie auf einmal Elija und dazu Mose bei Jesus stehen und mit ihm reden. Da sagte Petrus zu Jesus:*

. . .

*»Wie gut, dass wir hier sind, Rabbi! Wir wollen drei Zelte aufschlagen, eins für dich, eins für Mose und eins für Elija.« Er wusste nämlich nicht, was er sagen sollte, denn er und die beiden andern waren vor Schreck ganz verstört. Da kam eine Wolke und warf ihren Schatten über sie, und eine Stimme aus der Wolke sagte: »Dies ist mein Sohn, ihm gilt meine Liebe; auf ihn sollt ihr hören!« Dann aber, als sie um sich blickten, sahen sie niemand mehr, nur Jesus allein war noch bei ihnen.*
*Markus 9,2–8*

Während meiner Zeit im Himmel bekam ich eine kleine Ahnung von Gottes Herrlichkeit und diese Erfahrung hat mich für immer verändert.

Petrus durfte die Verherrlichung Jesu miterleben. Doch er vermasselte diesen heiligen Moment und platzte mit einer sehr dummen, menschlichen Idee heraus. Schlimmer noch, *nachdem* er all die erstaunlichen Wunder gesehen und so viel mit Jesus erlebt hatte, passierten ihm die schlimmsten Fehler. Aus dem Felsen wurde ein Stolperstein, er fiel über seine eigenen Füße, über sein Temperament und seine Furcht. Damit wurde er zum zeitlosen Beispiel für die Schwäche der menschlichen Natur.

Ich finde es immer wieder schwer, die Geschichte zu lesen, wie Petrus seinen Freund verriet – ausgerechnet in der Situation, in der Jesus ihn am meisten gebraucht hätte. Auch diese Geschichte hat viel mit mir zu tun.

• • •

*Petrus saß noch immer draußen im Hof, als eine Dienerin auf ihn zukam und sagte: »Du warst doch auch mit Jesus aus Galiläa zusammen!« Petrus stritt es vor allen Leuten ab und sagte: »Ich weiß nicht, wovon du redest!« Dann ging er in die Torhalle hinaus. Dort sah ihn eine andere Dienerin und sagte zu denen, die herumstanden: »Der da war mit Jesus aus Nazaret zusammen!« Und wieder stritt Petrus es ab und schwor: »Ich kenne den Mann überhaupt nicht!« Kurz darauf traten die Umstehenden zu Petrus und sagten: »Natürlich gehörst du zu denen. Das merkt man doch schon an deiner Aussprache!« Petrus aber schwor: »Gott soll mich strafen, wenn ich lüge! Ich kenne den Mann nicht!« In diesem Augenblick krähte ein Hahn, und Petrus erinnerte sich daran, dass Jesus zu ihm gesagt hatte: »Bevor der Hahn kräht, wirst du mich dreimal verleugnen und behaupten, dass du mich nicht kennst.« Da ging er hinaus und begann, bitter zu weinen.*
*Matthäus 26,69–75*

Doch Jesus sah immer den Felsenmann in ihm, zu dem er später wurde, ähnlich wie er in mir immer den sanften und liebevollen Ehemann und Vater sah. Ich war zunächst nicht so, aber Jesus wusste, was er aus mir machen konnte.

Als junger Mann trank ich zu viel und nahm den Glauben nicht ernst, obwohl ich es eigentlich besser wusste. Mir war klar, was richtig und was falsch war. Petrus war überzeugt, dass ihm alles gelingen würde – so ähnlich habe ich damals auch gedacht. Doch jeder Mensch kommt irgendwann an den Punkt, wo ihm bewusst wird, dass er nicht seinen eigenen

Idealen und Vorstellungen entspricht. Als Menschen verstoßen wir immer wieder gegen alle möglichen Regeln und verletzen die Personen, die wir lieben.

Ich machte als Student eine Menge falsch und verhielt mich weder wie ein aufrichtiger Christ noch wie ein guter Student. Erst als ich verheiratet und in der Armee war, verstand ich, dass Gottes Wege besser sind als meine eigenen, und fing an, mich Schritt für Schritt auf Jesus auszurichten. Er wurde fortan zum Felsen meines Lebens.

Jesus wusste, wie schrecklich Petrus sich fühlte, nachdem er in jener Nacht so versagt hatte. Das war wahrscheinlich der Grund, warum Jesus ihm nach seiner Auferstehung als Erstem begegnete. Trotz seines schweren Versagens wurde Petrus zum Leiter der neu entstehenden Gemeinde, genau wie Jesus es vorhergesehen hatte. Petrus war der erste Apostel, der das Evangelium predigte. Jesus beschenkte Petrus auf wunderbare Weise: Er gab ihm die Verantwortung für die ersten Christen.

Nach Jesu Tod und Auferstehung verbrachte dieser ehemalige Fischer sein restliches Leben damit, anderen Menschen die gute Nachricht weiterzusagen. Am Ende seines Lebens als Missionar, Lehrer und Evangelist starb der mutige, eigensinnige Petrus einen grausamen Märtyrertod. Der Überlieferung zufolge wurde Petrus in Rom unter Kaiser Nero mit dem Kopf nach unten gekreuzigt. Er wurde Opfer der schrecklichen Verfolgungswelle, die im Jahr 64 nach Christus begann. Zuvor hatte Petrus die Christen in seinem ersten Brief vor der bevorstehenden Verfolgung gewarnt. Sein Brief war für die Christen damals sehr wertvoll. Historiker berichten, dass damals viele Christen eines grausamen Todes starben. Sie wurden von Hunden in Stücke gerissen, bei lebendigem Leib verbrannt oder an Kreuze genagelt, so wie es Petrus dann auch widerfuhr.

Der Brief von Petrus ist voller Trost und Hoffnung, eine starke Ermutigung, am Glauben festzuhalten, wenn nötig auch bis zum Tod. Jesus hatte sich nicht getäuscht, als er Petrus den Felsen nannte – Petrus wurde später genau das.

Ein paar Jahre nach meiner Reise in den Himmel reisten Ruth und ich zu einigen biblischen Schauplätzen. Wir kamen auch nach Rom, die Stadt, in der Petrus seinen tröstenden und warnenden Brief schrieb und in der er später hingerichtet wurde.

Nachdenklich stand ich an seiner Grabstätte im Petersdom. Ich dachte über den Mann nach, der mich im Himmel so warmherzig empfangen hatte. Lag hier wirklich dieser urige Fischer mit dem kräftigen Händedruck begraben, unter diesem Schrein aus Marmor und Gold? Viele archäologische Funde bestätigten es.

Aber ich wusste es besser. Ich hatte gesehen, wo Petrus wirklich ist. Er ist an diesem wunderschönen Ort, wo er seinem Herrn und König dient und wo er auf ewig vollkommen zufrieden und erfüllt lebt. An dem Ort, an dem unsere viel zu kurze persönliche Begegnung stattgefunden hat.

Ich war mir sicher: Sobald Petrus nach unserem Treffen ein bisschen Zeit fand, bestieg er wieder ein Boot und fuhr über diesen glänzenden See, den ich hinter dem Tor sah.

Ein See hinter dem Tor? Steht das in der Bibel?

Bevor ich dazu komme, will ich mich zuerst mit den Schlüsseln beschäftigen: den Schlüsseln des Himmels.

. . .

## Petrus pur

Wer war nun dieser Mann, der mich dort an der Himmelspforte begrüßte? Welche Person steckt hinter dem Jünger, den wir aus der Bibel kennen, der heiliggesprochen wurde und der für unzählige Witze herhalten muss? („Ein Rabbi und ein Priester sterben. Sie kommen an das Himmelstor, wo Petrus sie empfängt ...") Es gibt viele solcher Petrus-Witze, die wir kennen und vielleicht auch weitererzählen.

Diesen hier finde ich besonders gut – nur so als Beispiel und weil ich ihn so witzig finde:

*Als junger Mann war Norton ein sehr guter Golfspieler. Doch im Alter von sechsundzwanzig Jahren entschied er sich, Priester zu werden, und schloss sich einem Orden an. Er legte die üblichen Gelübde der Armut und Keuschheit ab. Sein Orden verlangte außerdem, dass er das Golfspielen aufgäbe. Er sollte nie wieder spielen, wurde verlangt. Dieses Gelübde fiel Norton sehr schwer, aber er willigte ein und wurde daraufhin zum Priester geweiht.*
*Eines Sonntags stellte Priester Norton beim Erwachen fest, dass draußen ein wunderschönes Wetter herrschte. Der beginnende Frühling durchflutete den Morgen mit Sonne und er musste einfach Golf spielen.*
*Also erklärte er seinem Kopastor, dass er krank sei, und bat ihn, heute an seiner Stelle die Messe zu halten.*
*Kaum war der Kopastor gegangen, verließ Priester Norton die Stadt und fuhr zu einem etwa sechzig Kilometer*

*entfernten Golfplatz. Dort würde er sicher niemanden aus seiner Gemeinde treffen.*
*Er war ganz allein, als er zum ersten Abschlag ging. Kein Wunder, es war Sonntagmorgen und die meisten Menschen waren in der Kirche.*
*In dem Moment sah Petrus vom Himmel auf ihn herab und fragte Jesus: „Das wirst du ihm doch nicht durchgehen lassen, oder?“*
*Jesus seufzte und sagte: „Mal sehen.“*
*Genau in dem Moment spielte Priester Norton den Ball. Er flog direkt in die Nähe des Lochs, setzte kurz davor auf, rollte ein Stück weiter und fiel direkt hinein. Das waren etwa 400 Meter mit einem Schlag!*
*Petrus war irritiert. Er sah Jesus an und fragte: „Warum hast du das zugelassen? Ein solches Ass gelingt nicht einmal den Profis.“*
*Jesus lächelte und sagte: „Genau deswegen. Er kann keinem davon erzählen.“*

Dieser Witz passt zu mir, dem Golfspieler aus christlichem Hause, der zuweilen auch mit den sonntäglichen Aktivitäten der Leute seine Probleme hat!

Aber ernsthaft, das Vermächtnis von Petrus ist legendär. Wie hätte er sonst ein fester Bestandteil all dieser Witze über die Himmelspforte werden können?

Im Laufe der Zeit wurde Petrus in zahllosen Witzen, Karikaturen, Komödien, Theaterstücken und Spielen eine klassische Figur. Fast immer, wenn er darin auftritt, kommen auch die Himmelsschlüssel vor. Das hat hier seinen Ursprung:

*Als Jesus in die Gegend der Stadt Cäsarea Philippi kam, fragte er seine Jünger: »Für wen halten die Leute den Menschensohn?« Die Jünger gaben zur Antwort: »Die einen halten dich für den wiederauferstandenen Täufer Johannes, andere halten dich für den wiedergekommenen Elija, und wieder andere meinen, du seist Jeremia oder sonst einer von den alten Propheten.« – »Und ihr«, wollte Jesus wissen, »für wen haltet ihr mich?« Da sagte Simon Petrus: »Du bist Christus, der versprochene Retter, der Sohn des lebendigen Gottes!« Darauf sagte Jesus zu ihm: »Du darfst dich freuen, Simon, Sohn von Johannes, denn diese Erkenntnis hast du nicht aus dir selbst; mein Vater im Himmel hat sie dir gegeben. Darum sage ich dir: Du bist Petrus; und auf diesem Felsen werde ich meine Gemeinde bauen! Nicht einmal die Macht des Todes wird sie vernichten können. Ich werde dir die Schlüssel zu Gottes neuer Welt geben. Was du hier auf der Erde für verbindlich erklären wirst, das wird auch vor Gott verbindlich sein; und was du hier für nicht verbindlich erklären wirst, das wird auch vor Gott nicht verbindlich sein.«*
*Matthäus 16,13–19*

Von diesem Satz rühren alle Geschichten mit Petrus, den Schlüsseln und der Himmelspforte her. Hier entspringt das Bild des alten, bärtigen Typen, der vor dem Perlentor sitzt und die Funktion eines Hotel-Rezeptionisten bekleidet, indem er jeden, der hinein will, auf Herz und Nieren prüft.

Dieses Bild von Petrus gab es bereits im Mittelalter und es durchzieht die ganze Geschichte. Auf alten Gemälden hat

Petrus eine Halbglatze und einen langen Bart. Oft ist er mit Schlüsseln zu sehen, die er in der Hand oder am Gürtel trägt. 2004 gab es den Film „Millions“. Darin erscheint Petrus der Hauptperson, einem kleinen Jungen, und stellt sich als „der Heilige der Schlüssel, Schlösser und Sicherheitssysteme“ vor.

Also, ich habe keine Schlüssel bei Petrus gesehen. Und eine Glatze hatte er auch nicht – im Gegensatz zu mir. Nein, er hatte einen eher üppigen Haarwuchs, saß nicht hinter einem Schreibtisch und erzählte auch keine Witze, obwohl er ein durchaus humorvoller Mann war.

Manche Leute, denen ich meine Geschichte erzählte, wunderten sich, dass Petrus mich am Tor empfangen hat, denn es gibt keine Bibelstelle, wonach Petrus für den Zutritt zum Himmel verantwortlich wäre. Stattdessen hatte Jesus ihn als Hirten eingesetzt und ihm die Aufgabe gegeben, die jungen Christen auf die kommende Verfolgung vorzubereiten und ihnen einzuschärfen, dass sie als Jünger Jesu über große Autorität verfügen. Manche Theologen legen den Satz, den Jesus über die Schlüssel des Himmelreichs sagte, auch so aus: Was auch immer Petrus oder die anderen Apostel im Namen Jesu taten, würde, solange es dem Willen Gottes entsprach, mit unvergänglicher Kraft und ewiger Gültigkeit wirken.

Ich kann vieles nicht erklären und berichte nur, was ich sah und erlebte. Dazu zählt auch, dass ich Petrus am Tor des Himmels begegnet bin. In gewisser Weise passt meine Erfahrung zu der weitverbreiteten Meinung, Petrus würde den Eingang des Himmels bewachen. Zumindest war er für das eine Tor zuständig, an dem ich stand. Vielleicht war er aber auch nur für diesen Tag zur Begrüßung der Neuankömmlinge an dem Tor eingesetzt worden. Auf jeden Fall saß er nicht an einem Schreibtisch und da stand auch kein Schild: „Heiliger Petrus, Eintrittskontrolle, bei Abwesenheit bitte klingeln."

Egal wie viele Witze und Geschichten es darüber gibt, ganz sicher wird nicht Petrus entscheiden, wer in den Himmel kommt und wer nicht. Vielmehr bin ich überzeugt, dass alle, die bis zu diesem Tor gekommen sind, auch hineingelassen werden. Letztlich wird Gott darüber entscheiden, wer wann in den Himmel kommt.

In meinem Fall hatte Petrus den Auftrag, mich zu begrüßen und willkommen zu heißen. Dazu gehörte auch, dass er im Buch des Lebens nach meinem Namen suchte. Die Frage war, ob mein Name *an diesem Tag* schon dort eingetragen war. Vielleicht hatte Petrus von Gott sogar den Auftrag bekommen, sich um mich zu kümmern, weil Gott wusste, wie sehr ich Petrus mochte. Oder Gott hatte Petrus gezielt ausgesucht, weil absehbar war, dass ich um meinen Einlass kämpfen würde und Petrus mir am besten die Stirn bieten könnte. Petrus war jedenfalls der Richtige, um diesem sturen Holländer die schlechte Nachricht zu überbringen. Denn als er das Buch für den 27. April 2006 öffnete, war der Name Marv Besteman nicht auffindbar.

• • •

# 6

# Das Buch des Lebens

Als ich in das mächtige Himmelstor trat, kam ich in einen Raum, den man als das Innere des Tores bezeichnen könnte. Wir kennen das aus manchen Bibelstellen, wo es heißt, dass jemand „im Tor“ sitzt. Auch in sehr alten Befestigungsanlagen sind solche Tore zum Teil noch erhalten.

Mein Blick wanderte von rechts nach links an einem Steinregal entlang, das in beide Richtungen etwa drei bis vier Meter weit zu sehen war. Sein Ende verschwand auf beiden Seiten in einer Art Nebel. Auf dem Regal, das man auch als lang gezogenen Tisch beschreiben könnte, lagen Stapel über Stapel von Büchern, immer drei oder vier Bände übereinander, so weit ich sehen konnte.

Die Steine des Regals waren sehr grob. Sie sahen nicht wirklich schön aus, wirkten weitgehend rau und scharfkantig, als wären die Brocken bei einem Steinschlag vom Berg gefallen und nicht weiter bearbeitet worden. Diese Reihe aus Steinen war sehr massiv. Wahrscheinlich konnte sie Tonnen von Gewicht tragen. Trotzdem sah es so aus, als hätte man die Steine, wie sie gerade übereinanderpassten, lose aufeinandergeschichtet.

Als Ruth und ich später in die Türkei, nach Griechenland und nach Italien reisten, erinnerten mich die Steine, mit denen dort gebaut wurde, sehr an diese Steinreihe im Tor zum Himmel.

Wer die biblischen Länder schon einmal besucht hat, weiß genau, was ich meine. Als wir 2009 dort unterwegs waren, wunderte ich mich darüber, wie felsig und uneben die Wege waren. Als Fußgänger mussten wir ständig aufpassen, um nicht über einen hervorstehenden Stein zu fallen. Bei einem Tagesausflug nach Ephesus, die Stadt, an die Paulus seinen Epheserbrief gerichtet hatte, stolperte ich über so eine Unebenheit und fiel der Länge nach hin, direkt auf mein Gesicht. Ich kann froh sein, dass ich mir dabei nicht die Nase brach. Trotzdem war es eine wunderbare Reise (auch wenn wir Ruth im Vatikan verloren haben – doch das ist eine andere Geschichte).

Auf dieser Reise dachte ich viel über die Briefe der Bibel nach, die Christen in Rom, Thessalonich, Ephesus und in anderen Städten erhalten hatten – der Apostel Paulus hatte sie geschrieben, treue Boten hatten sie befördert und dann waren sie genau an den Orten gelesen worden, die wir besichtigten. Waren sie laut vorgelesen worden, während viele Menschen zuhörten, vielleicht in den großen Arenen? Oder waren sie vertraulich von Christ zu Christ weitergegeben worden? Für mich war es in vielerlei Hinsicht sehr inspirierend, in den biblischen Ländern unterwegs zu sein.

Ich muss zugeben, mir fielen auch andere Dinge auf. So fand ich, dass die griechischen Frauen besonders schön waren, schöner als alle Frauen, die ich kannte. Ruth bremste meine Begeisterung an der Stelle ein wenig. Natürlich, ich war fünfundsiebzig Jahre alt, hatte eine Glatze und war auf meine Nase gefallen, aber blind war ich trotzdem nicht.

Doch zurück zum Himmel, zu der Steinbank in jenem inneren Tor und zu den unbehauenen Steinen, die ich in den Ländern der Bibel überall wiederfand. Das Regal war etwa einen Meter hoch und reichte mir bis zur Hüfte. Die Bücher, die darauf lagen, hatten alle die Dicke eines Telefonbuches, sie waren fünf bis sechs Zentimeter dick. Ihr Einband sah aus wie antikes, schwarzes Leder, abgegriffen und sehr alt. Aber kein einziges Blatt war aus dem Leim gegangen, jede Seite war fest eingeheftet. Genau wie die Steine wirkten auch die Bücher wie aus einer anderen Zeit, die all die Jahre nur deswegen überdauert hatten, weil sie viel haltbarer waren als irdische Bücher.

Doch ich kam nicht auf den Gedanken, dass ich gerade vor dem Buch des Lebens stehen könnte – oder vielmehr den *Büchern* des Lebens. Erst als Petrus mir den Rücken zukehrte, nach einem bestimmten Band griff und anfing, etwas darin zu suchen, begann ich es zu ahnen. Das war also der Inhalt dieser vielen Bände, es standen Namen darin!

Petrus sah nur in einem einzigen Buch nach und blätterte nicht lange darin herum. Anscheinend hatte er es gleich an der richtigen Stelle aufgeschlagen und wusste, wo er nach meinem Namen suchen musste.

Das aufgeschlagene Buch erinnerte an einen Atlas, mit einer Größe von etwa fünfundzwanzig mal dreißig Zentimetern. Petrus stand ungefähr einen Meter vor mir, als er in das

Buch sah. Ich sah nicht, in welcher Sprache das Buch verfasst war, ob es irdische oder himmlische Worte waren. Auch die Dicke der Seiten und die Größe der Schrift konnte ich nicht erkennen.

Warum konnte ich das auf einen Meter Entfernung nicht sehen? Nun, ich war ehrlich gesagt ein wenig abgelenkt. Das wenige, das ich schon vom Himmel sehen konnte, faszinierte mich mehr als alles, was ich in meinem Leben auf der Erde jemals erblickt hatte. So dauerte es ein bisschen, ehe ich realisierte, was gerade vor mir passierte: Ein Jünger Jesu prüfte gerade im Buch des Lebens, ob mein Name darin stand. Doch hinter ihm und all diesen Büchern lag die wunderbarste Welt überhaupt, die himmlische Welt.

## Die größte Namensliste aller Zeiten

Bevor ich das Buch des Lebens zu Gesicht bekam, hatte ich mir darunter immer ein überdimensionales, eng bedrucktes Buch mit winziger Schrift vorgestellt. Ich dachte dabei an das dicke Lexikon mit seinen Laubfröschen, Sternbildern und Landschaften von fernen Ländern, das ich als Kind oft durchgeblättert habe. In meiner Vorstellung war das Buch des Lebens eine unvorstellbar lange Namensliste mit Millionen und Abermillionen von Namen. Ich dachte, dort seien alle Menschen aufs Sorgfältigste notiert worden, die zu Gott gehören.

Mein Leben lang habe ich mich gerne mit der Bibel beschäftigt. Einerseits stärkte das Wort Gottes meinen Glauben, andererseits hatte ich als Ältester in unserer Gemeinde auch ganz offiziell einen Grund, die Bibel zu studieren. Nachdem ich im Himmel einige der Dinge gesehen hatte, die mir aus der Bibel vertraut waren, wollte ich mir unbedingt noch näher anschauen, was die Bibel dazu sagt. Auch die Stellen über das Buch des Lebens weckten meine Neugier.

**Das Buch des Lebens: eine vertiefende Betrachtung**

Den Christen ist das Buch des Lebens heilig. Immerhin ist es das große Verzeichnis aller Menschen, die die Ewigkeit mit dem Vater, dem Sohn und dem Heiligen Geist an diesem wunderbaren Ort verbringen werden.

Auch im jüdischen Glauben spielt das Buch des Lebens eine wichtige Rolle und wird im Hebräischen *Sefer HaChaim* genannt. Gemeint ist ebenfalls das Buch, in das Gott die Namen der Menschen notiert hat, die in den Himmel kommen werden.

Im Neuen Testament kommt der Begriff „Buch des Lebens" achtmal vor. Sieben Nennungen stehen im Buch Offenbarung, in dem Johannes seine Vision vom Himmel beschreibt. Nur einmal wird es in einem anderen Buch des Neuen Testaments erwähnt, nämlich im Philipperbrief. Paulus fordert hier alle Gläubigen auf, treu zu sein und die Einheit untereinander zu wahren:

*Also, meine geliebten Brüder und Schwestern, nach denen ich mich sehne, meine Freude und mein Siegeskranz: Steht fest in der Kraft, die der Herr euch schenkt, meine Lieben! Ich ermahne Evodia und ich ermahne*

*Syntyche, dass sie sich als Schwestern im Glauben vertragen. Dich aber, mein bewährter Syzygus, bitte ich, dass du ihnen dabei hilfst. Die beiden haben sich mit mir für die Verbreitung der Guten Nachricht eingesetzt, zusammen mit Klemens und meinen anderen Mitarbeitern, deren Namen im Buch des Lebens stehen.*
*Philipper 4,1–3*

Anscheinend kamen die beiden Frauen, die zusammen in einer Gemeinde waren, nicht gut miteinander klar. So etwas kam und kommt immer wieder vor. Trotzdem spricht Paulus sie als Mitarbeiterinnen bei der Verbreitung des Evangeliums an, als seine Mitstreiterinnen, die an seiner Seite für die gleichen Ziele kämpfen. Sie sind Gottes Dienerinnen und ihre Namen stehen in Gottes Buch. Weil sie im Buch des Lebens stehen, werden sie beide das ewige Leben bei Gott haben.

**Das Buch des Lebens in der Offenbarung**
Die anderen sieben Stellen über das Buch des Lebens finden sich am Ende des Neuen Testaments, in der Offenbarung, in der der Apostel Johannes die Vision beschreibt, die er vom Himmel hatte. Die erste dieser Stellen steht im Zusammenhang mit der Beschreibung des großen Gerichts vor dem weißen Thron.

*Dann sah ich einen großen weißen Thron und den, der darauf sitzt. Die Erde und der Himmel flohen bei seinem Anblick und verschwanden für immer. Ich sah alle Toten, hohe und niedrige, vor dem Thron stehen. Die Bücher*

*wurden geöffnet, in denen alle Taten aufgeschrieben sind. Dann wurde noch ein Buch aufgeschlagen: das Buch des Lebens. Den Toten wurde das Urteil gesprochen; es richtete sich nach ihren Taten, die in den Büchern aufgeschrieben waren.*
*Offenbarung 20,11–12*

Die Theologen sind der Ansicht, dass in diesem Gericht nur über die Ungläubigen geurteilt wird – über alle Personen, deren Namen nicht im Buch des Lebens verzeichnet sind. Ich kann dazu nichts sagen.

Letztlich weiß nur der eine, der dieses Buch führt, darüber Bescheid. Mir genügt es zu wissen, dass die Bibel jedem Gläubigen verspricht, dass er ganz sicher auf ewig bei Gott sein wird.

Ich mag die Worte Jesu zu diesem Thema:

*Meine Schafe hören auf mich. Ich kenne sie und sie folgen mir. Ich gebe ihnen das ewige Leben und sie werden niemals umkommen. Niemand kann sie mir aus den Händen reißen, weil niemand sie aus den Händen meines Vaters reißen kann. Er schützt die, die er mir gegeben hat; denn er ist mächtiger als alle. Der Vater und ich sind untrennbar eins.*
*Johannes 10,27–30*

„Niemand kann sie mir aus den Händen reißen.“ Das tröstet mich sehr. Zu viele Christen machen sich Sorgen darüber, ob sie eines Tages in den Himmel kommen werden und ob ihr

Name auch wirklich in diesem Buch steht, in diesen alten, zeitlosen Bänden, die ich sehen durfte.

Ich wünschte, jeder Mensch könnte das massive Regal mit all den Buchbänden sehen, das ich anschauen durfte. Jeder, der durch Gottes Gnade zum Glauben an Jesus gekommen ist, darf die tiefe, innere Gewissheit haben, dass sein Name in jenem alles entscheidenden Verzeichnis steht. Die Bibel ist meiner Meinung nach eindeutig zu dem Thema, aber derselbe Vers kann für verschiedene Menschen Verschiedenes bedeuten. So deuten manche Bibelleser den folgenden Vers so, als würden Menschen, die nicht „durchhalten“, trotz ihres Glaubens an Jesus verloren gehen.

> *Alle, die durchhalten und den Sieg erringen, werden solch ein weißes Kleid tragen. Ich will ihren Namen nicht aus dem Buch des Lebens streichen. Vor meinem Vater und seinen Engeln werde ich mich offen zu ihnen bekennen.*
> *Offenbarung 3,5*

Doch für mich bedeutet diese Bibelstelle, dass Jesus niemals meinen Namen aus dem Buch des Lebens streichen wird. Ein Christ, der durchhält und den Sieg erringt, muss nicht jeden Kampf gegen die Sünde gewonnen haben, sonst wäre das Buch des Lebens ein Buch mit unbeschriebenen Seiten. Ich denke, dass die Schriftstelle die kostbaren Kinder Gottes meint, die sich gegen alle Versuchungen zur Nachfolge entschieden haben und dem Bösen in der Welt trotzen. Sie sind Gottes Kinder, errettet, stehen auf Gottes Namensliste und sind dazu bestimmt, die Ewigkeit bei ihm zu verbringen.

• • •

Wer Jesus liebt und ihm sein Leben anvertraut hat, wird zu denen gehören, die durchhalten, den Sieg erringen und ein weißes Kleid tragen werden. Voller Stolz und Freude wird Jesus sie namentlich dem Vater und den Engeln vorstellen. Ihr Name steht im Lebensbuch – unauslöschlich! Dieser Namenseintrag kann nicht ausradiert oder korrigiert werden, er steht dort auf ewig.

Gottes Buchführung ist fehlerlos. Er weiß, wer zu ihm gehört, und hält die Namen seiner Kinder für immer in seinem Buch fest.

## Gottes Musterungsliste

Manche sprechen von Gottes Musterungsliste, wenn sie mit ihrer menschlichen Fantasie einen Vergleich für das Buch des Lebens suchen. Eine Musterungsliste dient zur Erfassung der Wehrpflichtigen an einem Ort.

Ein anderes Bild sind die Namenslisten, auf denen manche Amerikaner nach ihren Vorfahren gesucht haben, die vor hundertfünfzig Jahren im Sezessionskrieg gekämpft haben. Sie gingen durch Hunderte von staubigen Seiten, die eng beschrieben waren, bis sie endlich die Namen ihrer Angehörigen fanden.

Wie unendlich viel bedeutungsvoller ist der Eintrag unseres Namens in Gottes Buch. Auch im Alten Testament finden wir solche Stellen, in denen von Gottes Verzeichnis der Gerechten gesprochen wird, die zur Ewigkeit bei Gott auserwählt sind.

Der Prophet Jesaja spricht von den Mitgliedern in Gottes Volk, die zum Leben bestimmt sind und deren Namen Gott selbst aufgeschrieben hat.

*Es kommt eine Zeit, da wird der Herr das Land wieder fruchtbar machen. Alles wird wieder sprießen und wachsen, und die Übriggebliebenen Israels können stolz darauf sein. So wird ihre Ehre und ihr Ruhm wiederhergestellt. Die Überlebenden von Jerusalem, alle, die dann noch auf dem Zionsberg übrig sind, werden Gottes heiliges Volk genannt werden; Gott selbst hat ihre Namen aufgeschrieben und sie zum Leben bestimmt.*
*Jesaja 4,2–3*

Auch die Propheten Daniel und Maleachi sprechen vom Buch des Lebens. Bei Daniel kommt die Erwähnung im Zusammenhang mit seiner Beschreibung der Endzeit vor: „Es wird eine Zeit der Not und Bedrängnis sein, wie es sie seit Menschengedenken nicht gegeben hat. Aber dein Volk wird gerettet werden, alle, deren Namen im Buch Gottes geschrieben stehen“ (Daniel 12,1b).

Der Prophet Maleachi spricht von Gottes Buch der Erinnerung. Auch bei ihm geht es um die Menschen, die in der schweren letzten Zeit durchgehalten haben: „Der Herr hat aufmerksam zugehört, als die Menschen, die ihm treu geblieben waren, so untereinander redeten. Er hat die Namen aller, die ihn ernst nehmen und ehren, in ein Buch schreiben lassen, damit sie vor ihm in Erinnerung bleiben“ (Maleachi 3,16). In der Lutherübersetzung heißt es: „Aber die

Gottesfürchtigen trösten sich untereinander: Der Herr merkt und hört es, und es wird vor ihm ein Gedenkbuch geschrieben für die, welche den Herrn fürchten und an seinen Namen gedenken."

Hier geht es um mehr als eine Musterungsliste: Nach diesen Bibelstellen kann man sich auch vorstellen, dass im Buch des Lebens nicht nur die Namen der Gläubigen stehen, sondern dass dort auch all das Gute notiert wird, das sie im Namen Gottes getan haben.

Als ich wartend dort oben in dem Tor stand, erwähnte Petrus keine meiner Taten auf Erden, weder die guten noch die weniger guten, stattdessen suchte er lange nach meinem Namen. Auch die Tränen, die ich in meinem Leben vergossen hatte, erwähnte er nicht, obwohl es von denen auch heißt, dass sie bei Gott notiert würden. „Du weißt, wie oft ich umherirren musste. Sammle meine Tränen in deinen Krug; ich bin sicher, du zählst sie alle!" (Psalm 56,9).

## ... dass mein Name dort steht ...

Petrus suchte nach meinem Namen. Die Frage war gar nicht, ob mein Name grundsätzlich im Buch des Lebens erscheinen würde, sondern es ging um die Einträge für den damaligen Tag. Anders als die alten militärischen Namenslisten waren die einzelnen Blätter weder vergilbt noch zerfleddert, obwohl sie seit unendlich langer Zeit existieren und noch unvorstellbar lange existieren werden. In einem dieser Bände steht seit Anbeginn der Zeit mein Name. Dort steht auch das Datum, an dem ich für immer in die Ewigkeit gehen werde, wie Gott es von Anfang an festgelegt hat. Nur Gott weiß, warum, aber als ich Petrus gegenüberstand, war mein Name nicht im aktuellen Namensbuch für jenen Tag.

Es gibt ein altes Lied, in dem es darum geht, „dass mein Name dort steht, nur um dieses ich fleh, dass im Buche des Lebens doch auch mein Name steht“. Das Lied singt man heute nicht mehr, der musikalische Stil ist zu alt. Aber die Aussage ist immer noch sehr schön.

*1) Mich verlangt nicht nach Schätzen, nicht nach Silber und Gold;*
*mich verlanget zu wissen, ob mein Heiland mir hold.*
*Meine Seele ist rastlos, nach Gewissheit sie fleht,*
*ob im Buche des Lebens wohl auch mein Name steht.*

*Ref.: Dass mein Name dort steh! Nur um dieses ich fleh,*
*dass im Buche des Lebens doch auch mein Name steh!*

*2) Meiner Sünden sind viele, wie der Sand an dem Strand,*
*doch ist mächtig zu helfen meines Heilandes Hand.*
*Wär auch blutrot die Sünde, soll sie werden wie Schnee,*
*darum komm ich und frage, ob mein Name dort steh.*

*3) O Jerusalem droben, Stadt von Golde erbaut,*
*von dem ewigen König Ihm erkoren zur Braut!*
*Wo die Harfen Ihm rauschen, wo der Kummer vergeht!*
*Halleluja, ich weiß es, dass mein Name dort steht.*

• • •

Ich durfte einen Blick in das himmlische Jerusalem werfen, aber es war noch nicht meine Zeit, um für immer dortzubleiben. Doch wenn ich das nächste Mal kommen werde, dann wird mein Name auch gefunden werden, da bin ich mir absolut sicher.

• • •

# 7

# Innerhalb des himmlischen Tores

Petrus schaute in dem Buch nach meinem Namen, etwa dreißig oder vierzig Sekunden lang. Dann stellte er fest, dass ich dort nicht notiert war, zumindest nicht für jenen Tag.

Während ich wartete, konnte ich mich ein wenig umsehen. Wir standen immer noch in dem Tor, einem Raum, der nach vorne und hinten offen war. Hinter mir war der Platz vor der Mauer, wo ich einige Zeit gewartet hatte, vor mir lag der Weg, der wie Diamanten funkelte und am Horizont in den Himmel führte.

Ich stand auf saftigem, grünen Gras, einer Sorte, die ich auf der Erde noch nie gesehen hatte. Der Platz, zu dem der Weg führte, war zu allen Seiten hin offen und nahezu menschenleer. Abgesehen von dem Regal aus Steinen, auf dem die Bücher lagen, stand nichts im Raum. Es gab nicht einmal einen Stuhl für Petrus. Vielleicht brauchte er keinen Stuhl, weil man im Himmel nicht müde wird?

. . .

Ich sah nach oben und stellte fest, dass der Raum keine Decke besaß. Vor uns, nur ein paar Schritte von Petrus entfernt, der immer noch in dem Buch stöberte, erhob sich ein gläsernes Tor, so groß, dass ich sein Ende nicht sehen konnte. Es verlor sich im Nebel, ähnlich wie das Steinregal. Als ich mich zurückwandte, verschwand auch das dunkle, hölzerne Tor in einem Hauch von Nebel.

Petrus stand nur etwa einen halben Meter von dem entfernt, was ich für den Eingang in den Himmel hielt. Gleich würde ich durch das gläserne Tor gehen und so viele herrliche, unbeschreibliche Dinge sehen! Doch im Augenblick stand ich noch reglos vor Petrus, schaute an ihm vorbei und entdeckte fasziniert, dass sich hinter dem Tor, im Inneren des Himmels, ein leuchtend blauer See ausbreitete.

## Der himmlische See

Petrus war, wie schon beschrieben, so angezogen wie wahrscheinlich damals, als er in Galiläa lebte. Er trug ein lose fallendes Gewand, das mit einem rauen Band um die Hüfte zusammengehalten wurde. Ich nehme an, das war die typische Kleidung eines Fischers seiner Zeit. Als ich dann den See und die Fischerboote sah, wusste ich, dass Petrus große Freude an diesem See haben musste und sich dort bestimmt oft aufhielt. Allerdings sah ich am See keine einzige Person.

Etwa 20 Meter von uns entfernt, auf der linken Seite, lagen Fischerboote am Strand des riesigen Sees, auf dem sich leichte Wellen kräuselten. Die Schiffe sahen alt aus und wirkten, als seien sie schon viel benutzt worden. Sie hatten keine Ähnlichkeit mit den modernen Flitzern, die ich von den irdischen Seen kannte. Hätte ich auf der Erde so ein Boot gesehen, wie sie hier im Himmel lagen, dann hätte ich gedacht: „Was ist denn das für ein alter Kutter!“

Ich habe sie nicht gezählt, aber es lagen nur wenige Boote an dem teils sandigen, teils felsigen Strand. Die Farbe des Wassers war dunkler als das Blau des Himmels und leuchtete etwas weniger. Zarte Wellen überzogen die Wasseroberfläche. Ähnlich wie am Meer oder an sehr großen Seen konnte ich das gegenüberliegende Ufer nicht sehen.

Doch dann hatte ich keine Zeit mehr, den See zu betrachten, denn Petrus sah von dem Buch auf.

## Ein Dickkopf aus Holland

Es war ein Schock, als ich Petrus sagen hörte: „Marv, ich kann deinen Namen unter dem heutigen Datum nicht finden.“ Bedauernd sah er mich an.

Unter dem heutigen Datum? Was meinte er? Mit offenem Mund starrte ich ihn an.

Sofort stieg Enttäuschung in mir auf. *Was sollte das bedeuten? Ich dachte, wer hier angekommen ist, darf auf jeden Fall in den Himmel. Konnte man doch abgewiesen werden?* Ich war irritiert, aber der Gedanke, dass ich nicht Gottes Kind sein und keinen Anspruch auf ewiges Leben haben könnte, kam mir zu keinem Zeitpunkt.

• • •

Natürlich gehörte ich zu Jesus. Da gab es überhaupt keinen Zweifel.

Petrus hatte vom „heutigen Datum“ gesprochen. *Heute* würde ich also nicht hineindürfen. Also hatte Gott ein anderes Datum für mich bestimmt – einen Tag, der nur ihm selbst bekannt war.

In dem Moment konnte ich das nicht genau durchdenken und wusste ohnehin nur eines: Ich wollte keinesfalls zurück. *Wer einmal einen Fuß in den Himmel gesetzt hat, will nicht mehr zurück, unter keinen Umständen, nicht einmal für einen einzigen Augenblick.*

„Ich will nicht zurück“, sagte ich bittend. „Kannst du noch einmal schauen?“

Petrus nickte bereitwillig und sah wieder in das große Buch, das er immer noch aufgeschlagen hatte. Doch er fand meinen Namen nicht.

Protest formte sich in mir und ich begann einen Streit mit dem Gründer der weltweiten Gemeinde Jesu und einem der wichtigsten Personen des Neuen Testaments. Der Gedanke, dass Petrus auch einmal wütend seinem Gegner das Ohr abgeschlagen hatte, kam mir in dem Moment nicht. Es ist im Nachhinein schwer zu erklären, aber in der Situation sah ich keine Alternative. Ich musste kämpfen, denn ich hatte nichts zu verlieren.

„Ich habe Jahre gebraucht, um hierherzukommen, viele Jahre. Und ich werde jetzt nicht zurückgehen! Ich bin ein dickköpfiger Holländer und lasse nicht alles mit mir machen. Auf keinen Fall lasse ich mich von hier wegschicken! Also, was?“

• • •

Petrus sagte nicht viel, aber er schien zu verstehen, dass ich diesen Ort nicht freiwillig verlassen würde – kein Mensch würde das tun. „Ich fürchte, du *musst* gehen", sagte er.

Er schien über die Situation nachzudenken. Endlich sprach er weiter: „Gut, etwas kann ich noch versuchen. Ich werde mit Gott sprechen."

Das fühlte sich gut an. Wenn meine Angelegenheit vor Gott gebracht würde, dann musste es ganz bestimmt eine gute Entscheidung sein – zu meinen Gunsten. Oder?

Erst als ich später viel Zeit hatte, über mein Erlebnis nachzudenken, wurde mir eine Sache bewusst: Im Himmel werden keine Fehler gemacht, niemals. Sogar in den Witzen, die es über Petrus und das Himmelstor gibt, kommt nie die Situation vor, dass ein Mensch fälschlicherweise in den Himmel gelassen wird und dann wieder gehen muss. Solche Fehler passieren im Himmel nicht. Daher musste mein Name ohne Zweifel in diesem Buch stehen.

Inzwischen denke ich, dass Gott das alles so geplant hat. Er war bestimmt nicht überrascht, als Petrus ihm eröffnete, ein Mann würde am Tor warten, obwohl sein Name nicht auf der Tagesliste steht. Gott wollte mir genau das zeigen, was ich auf dieser Reise gesehen habe, nicht mehr und nicht weniger. Natürlich war es Gottes Plan, dass ausgerechnet Petrus mich begrüßte. Auch was danach kam, war von Gott für mich arrangiert worden. Alles, was ich sehen und erleben durfte, während Petrus zu Gott ging, um mit ihm über mich zu reden, war von Gott beabsichtigt.

Petrus drehte sich um, trat durch die gläserne Tür und verschwand.

• • •

Ich folgte ihm und ging so nahe wie möglich an den Ausgang des Raumes, den ich aber nicht verlassen konnte. Es gab keinen Elektrozaun, aber eine unsichtbare Schranke hielt mich zurück. Doch sogar von meinem Standort aus gab es schon eine Menge zu sehen.

Vor mir war eine Tür. Sie war durchsichtig wie Glas, aber aus einem ganz anderen Material und fühlte sich auch ganz anders an. Mit den gläsernen Schiebetüren, die man von Balkonen oder Terrassen kennt, hatte sie keine Ähnlichkeit.

Die Tür war etwas über zwei Meter hoch. Ich bin 1,85 Meter groß (und schrumpfe laufend). So war das Tor zwar hoch genug, aber nicht sehr viel höher als ich. Mit ausgestreckten Armen konnte ich mühelos die Stahlträger über der Tür berühren. Ja, die Tür hatte einen Rahmen aus Stahl oder aus etwas Ähnlichem, das im Himmel stattdessen Verwendung findet. Die Träger waren x-förmig in die dicke durchsichtige Oberfläche der Tür eingelassen.

Die ganze Tür war nahezu unsichtbar und doch schillerte sie gleichzeitig in vielen Farben. Die Farbe Rot war besonders intensiv. Ich trat so nahe wie möglich heran und sah hindurch. Was ich auf der anderen Seite der Tür entdeckte, raubte mir den Atem.

Ich sah Dinge, die ich nie vergessen werde, unwirklich und wunderschön. Ich sah Kinder und Erwachsene aller Altersstufen: Alle strotzten vor Gesundheit, alle sahen unversehrt aus und strahlten zufrieden. Dazu entdeckte ich eine Vielzahl von Babys – fingergroße Winzlinge, größere Säuglinge und Krabbelkinder sowie Kleinkinder, die schon hüpfen und spielen konnten. Ob mein verstorbener Sohn William mit seinem dichten, dunklen Haarschopf auch unter diesen Babys war? Natürlich, er musste hier sein. Jede Faser meiner Seele sehnte sich nach ihm. Da sah ich plötzlich zwei Personen, die ich kannte, ein Paar, das ich auf der Erde geliebt hatte und schon vor vielen Jahren hatte hergeben müssen. Ich rüttelte, zog und drückte gegen die Tür, aber sie gab nicht nach.

Die Oberfläche dieser Tür fühlte sich anders an als alles, was ich jemals berührt hatte. Mit beiden Armen zog ich an den Stahlträgern. Später wurde ich gefragt, ob sich die Träger metallisch angefühlt hätten, vielleicht so wie die runden Haltestangen in der S-Bahn. Aber sie waren total anders, flach und erhaben zugleich, wie eine besondere Art Stahl. Ich zog und zerrte, aber nichts geschah. Dann hängte ich mich mit meinem ganzen Gewicht in die Stelle, an der sich die beiden Träger kreuzten. Doch es war nichts zu machen.

Irgendwann gab ich auf und fand mich damit ab, dass ich nicht hineingehen konnte. Doch selbst das wenige, das ich von meinem Platz aus sah, war so herrlich, dass mir bis heute jedes Mal die Tränen kommen, wenn ich nur daran denke. Jenseits meiner durchsichtigen Barriere war alles unbeschreiblich herrlich. Ich konnte ein wenig von der Seite sehen, die hinter der Tür lag. Und dieser Anblick erfüllte mich mit Staunen und mit Trost.

• • •

# 8

# Himmlische Krabbelgruppe

Das Erste, was ich aus dem Innenraum des Tors jenseits der durchsichtigen Tür sah, waren unvorstellbar viele Babys. Es waren Millionen von Kindern – von den allerkleinsten, ungeborenen Embryonen, die nicht größer waren als mein kleiner Finger, über die zu früh geborenen Föten, die Neugeborenen bis hin zu den ganz großen Kindern.

Allein schon die Menge der Babys erschreckte mich. Es waren unglaublich viele und jedes einzelne von ihnen wurde geliebt und als wertvoll geachtet. Sie schienen in Altersgruppen unterteilt zu sein. Alle Ungeborenen waren zusammen, auch die Frühchen bildeten eine Gruppe, daneben dann die Normalgeborenen.

Früher hatten wir in unserer Gemeinde eine Wand mit Fotos der Kinder, die zur Gemeinde gehörten, nach Alter sortiert und in Gruppen angeordnet. Wir waren stolz auf all die Kleinen, die in unserer Gemeinde aufwuchsen. An diese Fotowand erinnerte ich mich jetzt, als ich die Gruppen von Kindern sah, die im Himmel so wertgeschätzt wurden.

Auf dieser Welt hätten die jüngsten von ihnen noch nicht außerhalb des Mutterleibs leben können. Aber hier war das etwas anderes: Sie sahen vergnügt und richtig lebendig aus. Hier konnten sie wachsen und sich entfalten, in Sicherheit, von Freude erfüllt und maximal geliebt. Es spielte keine Rolle mehr, aus welchen Gründen ihr irdisches Leben so früh geendet hatte. Sobald sie hier ankamen, waren sie glücklicher, als ihre Eltern es sich jemals hätten vorstellen können. Falls sie auf Erden unerwünscht gewesen waren, hier waren sie mehr als willkommen. An diesem Ort liebte und schätzte man sie.

Irgendwie wusste ich das alles, ohne dass jemand es mir sagen musste.

Der Anblick dieser Babys erinnerte mich an einen Museumsbesuch, der schon viele Jahre zurücklag. Ruth und ich hatten eine Reise nach Toronto unternommen und unsere Tochter Julie und ihr Mann Joe begleiteten uns. Julie war mit ihrem ersten Kind schwanger und es war zugleich unser erstes Enkelkind. Entsprechend interessierte uns die Ausstellung über ungeborene Kinder, die dort gerade in einem Museum gezeigt wurde. Eindrücklich wurde dargestellt, wie sich das Kind im Mutterleib entwickelt, Woche für Woche, Schritt für Schritt.

Julie war sehr fasziniert von einem Exponat, das in Größe und Alter exakt dem Baby in ihrem Bauch entsprechen musste. „Du hast mich geschaffen mit Leib und Geist, mich zusammengefügt im Schoß meiner Mutter. Dafür danke ich dir, es erfüllt mich mit Ehrfurcht. An mir selber erkenne ich: Alle deine Taten sind Wunder!“ (Psalm 139, 13–14). Das galt auch für das kleine Baby in ihrem Bauch. Wir alle waren voller Ehrfurcht und Staunen, kein Kinofilm und kein Sportereignis hätten uns mehr in seinen Bann ziehen können. Damals wussten wir noch nicht, ob sie einen Jungen oder ein Mädchen bekommen würde, und wir ahnten nicht einmal, wie viel Freude uns das Kleine bereiten würde. Wir konnten uns nicht im Entferntesten vorstellen, dass dieses Kind zu einem attraktiven, freundlichen, klugen jungen Mann heranwachsen würde.

Aber wir wussten, dass schon in der dritten Lebenswoche das kleine Herz zu schlagen begonnen hatte, zu einer Zeit, als Julie noch nicht einmal wusste, dass sie überhaupt schwanger war. Das Baby hatte schon nach drei Wochen seinen eigenen kleinen Blutkreislauf und gleichzeitig bildeten sich die Wirbelsäule und das Rückenmark. Mit vier Wochen war es schon zehntausendmal größer als am Anfang, als es noch eine befruchtete Eizelle gewesen war. Mit fünf Wochen entwickelten sich Augen, Beine und Hände. Ich habe im Himmel Babys gesehen, die nur wenige Wochen alt waren und die ihre Arme und Beine bewegten. Ich wusste genau, dass es ihnen sehr gut ging und sie vollkommen glücklich und zufrieden waren.

Auch später dachte ich immer wieder an diese Babys, die nie geboren worden waren und deren Leben im Himmel weiterging. Egal aus welchem Grund ihr irdisches Leben so früh geendet hatte, ich hatte absolute Gewissheit, dass sie voller Leben waren, wie winzig sie auch waren.

Beim Gedanken an diese Babys im Himmel dachte ich zugleich an unsere eigenen vier Kinder, die nicht auf der Erde leben konnten. Ein Kind war bald nach seiner Geburt gestorben, drei weitere hatten wir als Fehlgeburten verloren. Wo waren sie? Wie sahen sie aus? Wie gerne wäre ich durch diese unsichtbare Tür getreten. Dann hätte ich sie alle vier gefunden.

Wir hatten sie verloren, damals, in unserem irdischen Leben. Sie hatten uns verlassen und waren in eine andere Welt gegangen, zu der wir keinen Zutritt hatten. Jede Fehlgeburt ließ uns mit diesem Schmerz zurück.

Deshalb ist es mir so wichtig, von den Babys zu berichten, die ich im Himmel sah: Darin liegt Trost für alle, die ein Baby verloren haben und diesen Schmerz des Verlustes kennen.

Dort im Himmel war ein Baby, das meine Aufmerksamkeit besonders anzog. Ich konnte es nicht in den Arm nehmen, aber ich empfand eine tiefe Liebe für diesen kleinen Kerl, der so dicke, schwarze Haare hatte wie mein Vater.

Jedes Jahr besuchen Ruth und ich das Grab in dem Abschnitt des Friedhofs, wo die Kleinen liegen. Sein Leben war so kurz gewesen, trotzdem hatten wir ihn so geliebt – bei dem Gedanken an ihn kommen mir immer noch die Tränen, obwohl seither schon so viele Jahre vergangen sind.

Als ich dort an jener gläsernen Tür stand und fasziniert auf Millionen von Babys schaute, war mein Verlangen, auf die andere Seite zu gelangen, schier unerträglich. Wenn es mir möglich gewesen wäre, dann wäre ich hindurchgegangen und hätte zum ersten Mal in meinem Leben meinen Sohn in den Armen gehalten.

• • •

## Fragen über die Babys

Wenn ich von meiner Reise in den Himmel erzähle, werden immer diese Fragen gestellt:

- Wie sahen die Babys aus?
- Wer hielt sie im Arm?
- Wer versorgte sie?
- Waren sie glücklich?

Mit diesen und anderen Fragen versuchen die Zuhörer, jede Einzelheit über diese kleinen Himmelsbewohner zu erfahren. Dieses Thema bewegt natürlich besonders die vielen Menschen, die eine Fehlgeburt oder vielleicht auch eine Abtreibung hinter sich haben.

Es scheint vielen Menschen leichtzufallen, sich mir gegenüber zu öffnen, vielleicht weil ich ein alter Mann mit einem mitfühlenden Herzen bin. So wurden mir viele traurige Geschichten erzählt. Es ist ein großes Vorrecht, diese trauernden Mütter und Väter trösten zu dürfen. Genau wie ich konnten sie nicht miterleben, wie ihr Kind heranwächst.

Daher gebe ich mir alle Mühe, ihre Fragen sorgfältig zu beantworten, und vertraue darauf, dass Gott ihre Herzen heilt. Für mich ist es, als hätte Gott mir einen Schatz anvertraut, als er mir die Babys im Himmel gezeigt hat – ein heiliger und kostbarer Teil meiner Reise.

Die Babys, die ich im Himmel sah, waren etwa fünfunddreißig Meter von mir entfernt, aber ich konnte sie sehr gut sehen, auch die kleinsten Details waren deutlich erkennbar. Ich befand mich in einer anderen Welt, in der mein

Sehvermögen nicht durch die Sehkraft meiner Augen beschränkt wurde.

Ich bin seit vielen Jahren Brillenträger, das war ich vor meiner Reise in den Himmel und bin es immer noch. Ohne Brille sehe ich nicht viel. Aber als ich in jener anderen Welt war, konnte ich wunderbar sehen, viel schärfer als zu meinen besten Jugendzeiten. Doch das ist keine Überraschung. Mein ganzer Körper war vollkommen, meine Augen, meine Ohren, mein Denken – alle Organe waren viel leistungsfähiger, als ich es von der Erde her gewohnt war. Es war, als hätte ich ein klappriges, kaputtes altes Auto gegen einen Rennwagen mit einem extrem leistungsstarken Motor getauscht. Allen im Himmel schien es genauso zu gehen. Niemand trug eine Brille oder Hörgeräte – ich brauchte meine Hörgeräte da oben ja auch nicht.

## Das Baby, das meine Aufmerksamkeit auf sich zog

Obwohl die Babys doch ein ganzes Stück von mir entfernt waren, fühlte es sich an, als hielte ich sie im Arm und würde ihnen in die Augen sehen. So genau sah ich sie.

Die kostbaren Kleinen waren in den unterschiedlichsten Entwicklungsstufen. Neben den wenige Wochen alten Ungeborenen gab es auch diejenigen, die schon in der zwanzigsten oder dreißigsten Schwangerschaftswoche gewesen waren.

Bei den ganz Winzigen bildeten sich gerade die Augenlider, eine Nase und Zehen. Wir wissen aus der Medizin, dass

Föten schon mit sieben Wochen schwimmen können und manche bewegten tatsächlich schon ihre Beinchen. Mit elf bis zwölf Wochen können sie mit ihren Händchen greifen und am Daumen lutschen. Ich sah kleine Babys, die mit ihren Armen und Beinen in Bewegung waren, wie man das vom Ultraschall her kennt.

Die Allerkleinsten befanden sich beieinander. Ein Baby fiel mir auf, das abgetrieben worden war. Mehrmals erlebte ich im Himmel, dass ich einfach etwas wusste und in der Tiefe erfassen konnte, ohne dass es mir jemand gesagt hatte. Dieses zarte kleine Wesen war so groß wie mein Finger und bewegte sich sanft. Es sah ein bisschen anders aus als die anderen, sehr klein, aber präzise geformt. Ich kann nicht genau sagen, wie alt das Baby war, aber ich schätze, es hat nur sieben bis neun Wochen auf der Erde gelebt. Von den Medizinern wissen wir, dass bei Babys in diesem Alter schon alle Organe angelegt sind. Sie haben kleine Knochen und ihr individueller Fingerabdruck bildet sich bereits. In der achten Woche kommt die Hörfähigkeit dazu, in der neunten Woche haben sie manchmal schon Schluckauf. Wieder ist Psalm 139, 13–14 so treffend: „Du hast mich geschaffen mit Leib und Geist, mich zusammengefügt im Schoß meiner Mutter. Dafür danke ich dir, es erfüllt mich mit Ehrfurcht. An mir selber erkenne ich: Alle deine Taten sind Wunder!"

Ich kenne die Geschichte dieses Babys nicht, aber hier im Himmel war es genauso glücklich und geliebt wie alle anderen Kinder auch.

## Auf ewig gehegt und gepflegt

Es gab andere Altersgruppen, in denen die Kleinen schon gehen und reden konnten. Sie befanden sich hinter den Jüngeren.

Ich spürte deutlich, wie glücklich und zufrieden die Babys waren. Tiefer Friede erfüllte sie und es fehlte ihnen an nichts. Sie erinnerten mich an ein Kind, das sich gerade satt getrunken hat. Wenn meine eigenen Kinder und Enkel Hunger hatten, verlangten sie unruhig und aufgeregt nach Nahrung. Doch war ihr kleiner Bauch gefüllt, dann lagen sie satt und zufrieden da, vollkommen entspannt und völlig unbekümmert. So wirkten die Kinder im Himmel auf mich.

Oft fragen mich Neugierige, wer die Kleinen auf dem Arm hielt. Nun, niemand hatte sie auf dem Arm. Im Himmel müssen sie nicht getragen werden. Diese Vorstellung ist für uns vielleicht nicht so schön. Liegen die Babys etwa immer nur herum?

Hätte ich diese Kleinen im Himmel nicht mit eigenen Augen gesehen, würde ich ganz ähnliche Fragen stellen. Aber ich habe gesehen, wie gut es diesen Babys ging. Sie fühlten sich wohl, waren vollkommen glücklich und zufrieden. Ich habe auf der Erde nie ein Baby gesehen, dem es besser ging als ihnen.

Kein Baby trug Windeln. Die Älteren waren mit etwas bekleidet, das sehr schlicht wirkte. Anders als Babys auf der Erde müssen sie nicht gefüttert werden. Sie machen auch kein Bäuerchen, sie werden nicht gewickelt und nicht gebadet.

Trotzdem kann es sein, dass sie manchmal von jemandem auf den Arm genommen werden. Schließlich ist alles im Himmel vollkommen schön und es ist nun einmal etwas Schönes, ein Baby auf dem Arm zu halten.

Das Gras, auf dem sie lagen, war bestimmt viel weicher und angenehmer als jede Decke, die wir hier auf der Erde kennen. Sie lagen aber nicht direkt auf dem Gras, sondern es war eine kleine Lücke zwischen ihnen und dem Boden. Es sah so aus, als lägen sie auf einem Luftkissen – besser kann ich die Oberfläche, auf die die Babys gebettet waren, nicht beschreiben. Außerdem waren sie von Gottes vollkommener Liebe eingehüllt und voller Freude, denn sie badeten in der Wärme seines Lichts und seiner Gegenwart. Obwohl dort so viele Babys waren, spielte die Vielzahl keine Rolle: Jedes einzelne wurde geliebt und gesättigt, denn nirgends kann man so gut versorgt werden wie bei Gott zu Hause. Im Himmel gibt es mehr als genug Liebe für alle.

## William John Besteman

Als wir unseren kleinen Jungen im Jahr 1960 verloren, meinten einige, es sei Gottes Wille gewesen, ihn zu sich zu nehmen. Andere behaupteten, es sei das Beste für uns alle gewesen, da mit ihm wohl etwas nicht gestimmt habe.

Wer ein Kind verloren hat, weiß, wie sehr diese vermeintlich tröstenden Sätze verletzen können. Ruth und mir haben solche Worte nicht geholfen. Wir würden so etwas niemals zu jemandem sagen, der um sein Kind trauert.

• • •

Kurz nachdem Julie geboren war, verloren wir zwei Kinder direkt nacheinander. Beide Fehlgeburten ereigneten sich schon in einer frühen Phase der Schwangerschaft, ungefähr in der sechsten Woche. Trotzdem waren auch das schmerzliche Verluste.

Die Schwangerschaft mit Julie war völlig komplikationslos verlaufen, neun Monate lang wuchs das neue Leben in Ruth. Entsprechend traf uns das Leid, das wir nun erlebten, vollkommen unvorbereitet. Als sie zum dritten Mal nach Julie schwanger wurde, setzten schon gleich zu Beginn der Schwangerschaft leichte Blutungen ein. Doch wir machten uns keine ernsthaften Sorgen – nicht einmal, als der Arzt ihr für die ganze restliche Schwangerschaft Bettruhe verordnete.

Ich arbeitete zu jener Zeit schon in der Bank, allerdings für einen sehr geringen Lohn. Aber das störte uns nicht. Wir lebten fast nur von Luft und Liebe. Ich war den ganzen Tag lang im Büro, Ruth lag im Bett und versuchte gleichzeitig, ein lebhaftes Kleinkind davon abzuhalten, das Haus auf den Kopf zu stellen.

Bettruhe passt nicht gut zu einem achtzehn Monate alten Kind, das mit Begeisterung an Schränken hochklettert und alles, was es zu fassen bekommt, in den Mund steckt. Wir brauchten Hilfe und bekamen sie auch: Julie verbrachte von da an die meiste Zeit abwechselnd bei ihren beiden Omas.

In der dreißigsten Woche löste sich bei Ruth die Plazenta von der inneren Wand der Gebärmutter. Ruth war blass, blutete und hatte Schmerzen. Im Jahr 1960 gefährdete eine solche Komplikation auch ernsthaft das Leben der Mutter. Wir hatten schreckliche Angst, nicht nur um das Baby, sondern auch um Ruth.

Sie war von da an vier Wochen im Krankenhaus, in denen sie sich praktisch nicht bewegen durfte. Tapfer kämpfte sie um das Leben ihres Kindes. Doch während sie Tag und Nacht flach auf dem Rücken lag, schaffte sie es, einen kleinen Pulli für das Baby zu stricken. Dafür hielt sie ihre Arme möglichst unbewegt über ihre Brust. Später, als sie entlassen wurde, war ein junger Arzt erstaunt über ihre Größe. Er hatte sie in all den Wochen ja nur liegend gesehen. „Und ich wusste gar nicht, wie klein Sie sind", gab Ruth schlagfertig zurück. Selbst in den dunkelsten Zeiten ihres Lebens verlor sie nie ihren Humor.

In der vierunddreißigsten Woche setzten wieder heftige Blutungen ein, obwohl Ruth völlig bewegungslos im Bett lag. Die Ärzte versuchten alles, um die Schwangerschaft noch etwas zu verlängern, aber das Baby musste schließlich trotzdem per Kaiserschnitt geholt werden. Man sagte uns, dass Ruth sonst gestorben wäre.

Unser Arzt, Dr. Grey, war die ganze Zeit über sehr freundlich und engagiert. Da Ruth Krankenschwester ist, erklärte er ihr viele fachliche Details. Bei aller Freundlichkeit war er zugleich so ehrlich, ihr keine falschen Hoffnungen zu machen. Das Baby hätte nur eine zehnprozentige Überlebenschance, erklärte er uns. Ruth wusste, was das bedeutete – es war nahezu unmöglich. Wir hatten kaum Hoffnung. Gleichzeitig klammert man sich in solchen Momenten selbst an den dünnsten Strohhalm.

Dann wurde unser Sohn William John Besteman geboren. Er wog kaum mehr als tausend Gramm. Auf seinem Köpfchen kringelten sich viele dunkle Löckchen. Wir nannten ihn William nach Ruths Vater und John nach meinem Vater. (Als viele Jahre später unser zweiter Sohn zur Welt kam, nannten wir ihn nicht Marvin, wie mein Vater und ich heißen. Dafür ist er uns sehr dankbar, denn als Marvin der Dritte hätte er es kompliziert gehabt. Ohnehin gab es genug Verwechslungen, wenn Leute mich anriefen, obwohl sie meinen Vater sprechen wollten.)

Die schlimmsten Befürchtungen von Dr. Grey wurden wahr. William hatte eine Lungenfunktionsstörung. Seine Lunge war noch nicht reif genug, um Surfactant zu bilden: Die Substanz, durch die sich Lungenbläschen entfalten.

Gegenwärtig leidet nur noch ein Prozent aller Babys an diesem Atemnotsyndrom. Trotzdem ist es weiterhin die häufigste Todesursache bei Frühgeborenen. Wäre William heute zur Welt gekommen, hätte man sein Leben retten können, obwohl er sechs Wochen zu früh kam. Doch damals war dies noch nicht möglich. In den Sechzigerjahren hätte nur ein großes Wunder dieses Frühchen retten können.

Ruth hat ihren erstgeborenen Sohn nie gesehen. Weder sie noch ich hielt ihn jemals im Arm. Damals war das so üblich, auch wenn es aus heutiger Sicht grausam klingt. Ruth hatte sehr viel Blut verloren und war nach dem Kaiserschnitt noch stundenlang bewusstlos. Erst mehrere Stunden nach Williams Geburt kam sie wieder zu sich. Das Klinikpersonal entschied, dass sie zu schwach sei, um in das Kinderzimmer gebracht zu werden. Damals war alles ganz anders als heute. William wurde, kaum war er aus Ruths Bauch gehoben worden, direkt in den Brutkasten gelegt und weggebracht.

• • •

Ich war sechsundzwanzig Jahre alt, Ruth war fünfundzwanzig. Obwohl ich jung, stark und gesund war, fühlte ich mich an diesem Tag wie ein alter, nutzloser Mann. Benommen irrte ich durch die langen Flure der Klinik und suchte nach dem Raum, in den sie meinen Sohn gebracht hatten. Endlich fand ich sein Bett. Reglos stand ich da, bis ich meine Füße nicht mehr spüren konnte. Eine Glaswand trennte mich damals von meinem Sohn, ähnlich wie später im Himmel.

Von den zehn Stunden, die William lebte, stand ich etwa sechs Stunden neben ihm und schaute auf den kleinen reglosen Körper, der in Decken gehüllt in einem Glaskasten lag. Ich durfte ihn nicht auf den Arm nehmen und nicht einmal berühren. Sein Arm war kleiner als mein Daumen. Ich konnte ihm nicht sagen, dass ich ihn lieb hatte, konnte ihn weder trösten noch ermutigen. Hilflos stand ich an seiner Seite und sagte bloß immer wieder: „Papa ist da, Papa ist da.“ Ich durfte nicht näher zu ihm, das Glas trennte uns. Als Vater hätte ich alles getan, um meinem Sohn zu helfen. Aber ich konnte nichts tun, außer dort zu stehen und ihn anzusehen. Das fühlte sich entsetzlich an.

Ich tat das Einzige, was ich für ihn tun konnte: Ich war in seiner Nähe und sah ihn an. In mir brodelte eine Mischung aus Liebe und Entsetzen. Der Gedanke, dass er praktisch keine Überlebenschance hatte, lähmte mich. Immer wieder strömten Tränen über mein Gesicht. Wir würden dieses Kind verlieren. Es war nur eine Frage der Zeit.

Mitten in all dem bemerkte ich auf einmal, dass William die gleichen Haare hatte wie sein Opa. Unsere anderen Kinder waren entweder blond oder sie kamen ohne Haare zur

Welt. Nur bei diesem Jungen hatten sich die Besteman-Gene durchgesetzt: Er hatte einen dichten, dunklen Wuschelkopf. Die meiste Zeit lag er reglos da, nur hin und wieder bewegte er einen Arm oder ein Bein. Jede seiner Bewegungen war eine Freude für mich.

Doch plötzlich lag er nur noch ganz ruhig da. Als der Brutkasten von mir weggeschoben wurde, ahnte ich, dass er gestorben war.

So eilte ich zurück zu Ruths Zimmer, die schon seit ein paar Stunden wach war. Es ging ihr nicht gut, die Operation und der Blutverlust hatten sie geschwächt. Als ich ihr Zimmer betrat, um ihr mitzuteilen, dass unser Sohn gestorben war, brauchte es keine Worte. Sie sah es in meinem Gesicht.

## Ich werde William wiedersehen

Später sagten uns die Leute: „Ihr könnt noch mehr Kinder haben." Welch ein schrecklicher Satz! Natürlich, sie wollten uns trösten und aufmuntern – als ob die Geschichte doch noch zum Happy End kommen könnte. Die Leute wissen oft einfach nicht, was sie sagen sollen, wenn jemand einen lieben Menschen verloren hat, besonders, wenn es sich dabei um ein Kind handelt. Entweder sie sagen gar nichts, als hätte der Verstorbene nie existiert, oder sie bedienen sich solcher Floskeln.

Besser wäre es, nur ganz wenig zu sagen, wie zum Beispiel: „Es tut mir so leid. Ich hab dich lieb. Wir beten für euch." Es ist besser, wenige Worte zu machen, aber viel Liebe und Mitgefühl zu zeigen. Man kann seine Anteilnahme durch eine Umarmung mitteilen, mit einer schönen Karte, einem vorbeigebrachten Essen, einem selbst gebackenen Kuchen oder durch praktische Hilfe.

Aber wer gerade ein Kind verloren hat, der hat nicht das Bedürfnis, „mehr Kinder“ zu bekommen.

Die trauernden Eltern sehnen sich nach diesem Kind, das sie verloren haben. Ja, das Leben geht weiter. Der Alltag reißt sie mit sich fort. Oft fragen wir uns, wie die trauernden Eltern diesen Spagat schaffen. Für uns war Julie eine große Hilfe, denn um ihretwillen mussten wir weiterleben. Doch wer ein Kind verloren hat, wird diesen Verlust nie vergessen. Dieses Kind wird immer fehlen, egal wie viele Kinder man davor oder danach noch haben mag.

Gut, dass wir nicht im Voraus wissen, was uns das Leben noch abverlangen wird.

Für mich kam der schwerste Moment, als ich den kleinen Sarg für William aussuchen musste. Ruth sollte noch mindestens zehn Tage in der Klinik bleiben, nachdem er gestorben war. So ging ich alleine zum Bestatter. Da standen die kleinen Särge, einer neben dem anderen. Es war sehr, sehr schwer.

Die Beerdigung wurde beim Bestatter abgehalten. Nur meine Eltern und ich waren anwesend, denn Ruth durfte das Krankenhaus nicht verlassen.

Aber wir haben diesen kleinen Grabstein auf seinem Grab und besuchen ihn in jedem Jahr einmal. Dann denken wir darüber nach, was hätte sein können, wenn er gelebt hätte.

Wir haben einen Neffen, der fast genauso alt ist wie William. Während unser Neffe heranwuchs und einen Meilenstein des Lebens nach dem anderen passierte, dachten wir immer an William und versuchten uns vorzustellen, wie sein Lebensweg wohl verlaufen wäre. Ob er auch ein Hockeyspieler geworden wäre, so wie unser zweiter Sohn Mark und ich? Oder ob er sich ein anderes Hobby ausgesucht hätte? Wen er wohl geheiratet hätte? Wie viele Kinder er gehabt hätte?

Gleichzeitig fragen wir uns natürlich auch, was er im Himmel so macht. Wie er jetzt wohl aussieht? Zu was für einem Mann ist er dort wohl herangewachsen an diesem vollkommenen Ort? Wenn ich an ihn denke, dann ist er immer noch dieses Baby mit den dunklen Locken. Von anderen, deren Kinder gestorben sind, höre ich immer wieder, wie sie sich danach sehnen, ihr geliebtes Baby in den Arm zu nehmen, eines Tages. Andere stellen sich vor, dass ihre Kinder im Himmel erwachsen werden. Wir wissen nicht, wie es wirklich ist. Dieses Thema müssen wir Gott überlassen, im Vertrauen, dass er es genau richtig macht. Entscheidend ist die Gewissheit, dass alle Gotteskinder bei ihm sind, in seinem Schutz und in seiner Liebe. Irgendwann werden wir zu jenem Ort Zutritt bekommen und unsere Lieben wiedersehen. Dann werden diese bohrenden Fragen ein Ende haben.

Früher war die Meinung verbreitet, ein Kind müsse vor dem Sterben getauft sein, damit es in den Himmel kommt. Davon halte ich nichts. Als die Säuglingsschwester den Brutkasten aus dem Zimmer rollte, war mein Sohn schon bei Jesus. Jahre später, als ich den Himmel besuchen durfte, wusste ich, dass er dort war.

Doch ich durfte den Himmel nicht betreten, die Glastür hielt mich zurück. Das war eine große Enttäuschung für mich. Ich hätte so gerne nach William gesucht. Aber meine

Zeit war einfach noch nicht gekommen. Gott weiß, wann ich wieder dorthin gehen darf, und dann komme ich mit einem One-Way-Ticket und wir werden die vielen Jahre der Trennung überwinden. Dann werde ich meinem Sohn begegnen. Wir werden zusammen spazieren gehen, miteinander reden und ich werde auf ewig mit ihm zusammen sein.

• • •

9

# Die sechs Personen, denen ich im Himmel begegnete

Ich bin im Südwesten der Stadt Grand Rapids in Michigan aufgewachsen, in der Cleveland Street, als ältester von drei Söhnen. Unsere Eltern waren holländischer Abstammung, sie liebten uns und erzogen uns im christlichen Glauben.

Das ist alles sehr lange her, aber wenn ich an die beiden Menschen zurückdenke, die mich zu dem Mann erzogen haben, der ich heute bin, fühle ich mich sehr gesegnet. Meine Kindheit war nicht vollkommen, aber im Großen und Ganzen wurde ich gut versorgt und konnte in Sicherheit leben.

Meine Erinnerung ist nur noch bruchstückhaft: Wir lebten in der Nähe eines Teichs. Im Winter nahmen meine Freunde und ich nachmittags oft die Schlittschuhe und spielten Eishockey. Darüber vergaß ich das Abendbrot und die Hausaufgaben. Ich vergaß vieles, weil ich immer nur Hockey spielen wollte. Hockey war meine Leidenschaft.

An Feiertagen fuhren wir als Familie zum Silver Lake und verbrachten das ganze Wochenende in unserer Holzhütte. Ich erinnere mich vor allem an das kalte Wasser, in dem mein Bruder und ich stehen mussten, um das Boot startklar zu machen. Mein Vater stand am Ufer, gab uns Anweisungen und war warm angezogen. Manchmal mussten wir stundenlang in dem eiskalten Wasser sein. Vermutlich dachte mein Vater, das wäre gut für unsere Charakterbildung.

Ich war damals ziemlich klein. Später wurde ich ein großer Mann, aber lange Zeit war ich der kleinste Junge in der Klasse. Erst in dem Sommer, als ich von der neunten in die zehnte Klasse kam, wuchs ich von jetzt auf gleich zehn Zentimeter.

Seither sind viele Jahre vergangen. Damals hätte ich nicht gedacht, wie sehr mich meine Eltern und Verwandten geprägt haben. Ich konnte mir auch nicht vorstellen, wie sehr ich sie vermissen würde, wenn sie nicht mehr da wären. Erst als sie starben, erkannte ich, wie wichtig sie mir waren.

## Geliebte Gesichter

Hinter der durchsichtigen Tür breitete sich eine Welt aus, die ich mir vorher nie hätte vorstellen können, mit üppig-grünem Gras und einem blaugrünen Himmel, der aussah, als wäre er mit den schillernden Farben des Wassers umspielt und mit funkelnden Diamanten bestückt. Ich weiß, als Banker ist man eigentlich viel sachlicher, aber die meisten Banker haben auch nicht gesehen, was ich gesehen habe. Außerdem hatte ich schon immer einen Hang zum Poetischen, so sagte man mir.

Schon bei meiner Ankunft, als ich noch vor dem Tor wartete, faszinierte mich das Farb- und Lichtspiel. Und jetzt durfte ich in den tatsächlichen Himmel schauen. Zuerst galt meine ganze Aufmerksamkeit den Babys.

Doch dann sah ich plötzlich Erwachsene, die ich kannte. Es waren einige der Menschen, die in meinem Leben eine wichtige Rolle gespielt hatten, bevor sie gestorben und hier an diesen Ort gekommen waren, den Jesus für sie vorbereitet hatte.

Ich sah sechs vertraute Gesichter. Einige von ihnen waren schon seit vielen Jahren hier, einige waren erst jüngst gestorben. Ein junger Mann aus unserer Familie, den ich besonders lieb hatte, war erst zwei Monate vor meinem Besuch im Himmel von uns gegangen. Ich konnte es kaum fassen, als er plötzlich dort zu sehen war. Er sah ganz anders aus – sein ehemals kranker Körper war kaum wiederzuerkennen, er sah so fantastisch aus!

Ich möchte gerne erklären, was diese sechs Personen, denen ich im Himmel begegnen durfte, für mich bedeuten. Nach ihrem Tod hatte ich sie sehr vermisst und mich danach gesehnt, sie zu sehen, zu hören und zu berühren. Als ich sie jetzt wiedersah, in ihrem völlig verwandelten Aussehen, war dies ein sehr großer Trost für mich. Natürlich wäre ich am liebsten bei ihnen geblieben oder hätte sie wenigstens wieder mit auf die Erde genommen. Doch zumindest weiß ich jetzt, dass sie vollkommen gesund sind und dass es ihnen besser geht als jemals zuvor in ihrem Leben.

• • •

Die Sehnsucht, noch einmal mit einem lieben Verstorbenen zusammen sein zu dürfen, kann sehr stark sein. Wie schön wäre es, sich noch einmal in die Augen zu sehen, ein Lächeln auszutauschen, dem anderen zu winken und zu sehen, wie er zurückwinkt? Für dieses Vorrecht würde ein Trauernder alles geben, zumal er den Verstorbenen dann in vollkommener Gesundheit und körperlicher Unversehrtheit sehen würde. Egal unter welchen Bedingungen ein Mensch gestorben ist, wenn man ihn im Himmel wiedersieht, ist er voller Leben, strahlend und schön.

Einige meiner Lieben starben in hohem Alter, zerbrechlich und körperlich schwach, nachdem sie ein langes, erfülltes Leben genossen hatten. Andere starben viel zu jung. Sie fielen schrecklichen Krankheiten zum Opfer. Als sie schwer gezeichnet starben, brach ihr Anblick uns das Herz. Umso mehr war das Wiedersehen mit all den gesunden Freunden im Himmel ein Wunder.

**Oma und Opa Besteman**

Die ersten Erwachsenen, die ich im Himmel sah, waren meine Großeltern väterlicherseits. Sie standen in einem Abstand von knapp zwanzig Metern von mir. Nur das gläserne Tor trennte uns. Von der Entfernung her hätte ich ihnen einen Ball zuwerfen können und sie hätten ihn mühelos gefangen. Ich versuchte wieder, die Tür zu öffnen, um zu ihnen laufen und sie begrüßen zu können. Aber es ging einfach nicht.

Meine Großeltern gingen in einem Abstand von etwa drei Metern nebeneinander her, beide entdeckten mich sofort. Oma lächelte und winkte mir zu, ich winkte zurück und konnte kaum glauben, was ich sah. Sie war schon so lange tot. Opa, mit dem ich immer so gerne angeln gegangen war, grinste mich an, winkte und gab mir zu verstehen, dass ich doch hineinkommen sollte. Er war sogar noch länger tot als Oma.

Sie waren als junge Holländer nach Amerika ausgewandert. In Grand Rapids lernten sie sich kennen und lebten dort auch. Opa war ein Geschäftsmann und handelte mit allen Arten von Obst und Gemüse. Er kaufte die Produkte auf dem Markt in Chicago und brachte sie nach Grand Rapids. Wenn ich bei ihnen zu Besuch war, stand immer eine Schale mit Karotten und Sellerie auf dem Tisch, dazu ein Dip. Oma war eine zierliche Person und eine begnadete Köchin. Wenn sie Bananenbrot backte, war das für mich der Himmel auf Erden. Bis heute habe ich sofort Oma vor Augen, wenn ich irgendwo Bananenbrot rieche.

Opa hatte eine schier unerschöpfliche Geduld. Mit ihm saß ich manchmal stundenlang in einem Boot auf dem Baptist Lake und wir warteten, bis ein Fisch an die Angel ging. Wir jagten Hecht und Barsch mit toten oder lebenden Ködern, aber vor allem erinnere ich mich daran, dass wir endlos lange in diesem Boot saßen. Er hatte damit nie ein Problem, nur mir juckten die Füße.

Sowohl mein Opa als auch mein Vater behielten ihre dichten, dunklen Locken bis zu ihrem Tod. Nur ich habe diese Glatze, die meine Haarpracht unwiderruflich ruiniert hat. Doch daran dachte ich nicht, als ich Oma und Opa sah. Beide waren sehr alt geworden. Als sie starben, waren sie gebrechlich und nur noch ein Schatten ihrer selbst.

• • •

Aber nun standen sie in voller Größe ein paar Meter von mir entfernt und waren das blühende Leben, voller Energie, mit rosigen Wangen und dynamischen Bewegungen. Beide waren so ähnlich angezogen wie zu ihren Lebzeiten und sie schienen auch etwa so alt zu sein wie zum Zeitpunkt ihres Todes. Trotzdem sahen sie nicht aus wie Menschen, die über achtzig Jahre alt sind. Solche Achtzigjährigen gibt es sonst nirgendwo! Sie sahen so aus, als würden sie im nächsten Moment anfangen, Fußball zu spielen. Oma und Opa! Ich war sprachlos.

**Mama**

Dann sah ich meine Mutter, Marjorie Sweers Besteman, die Frau, die ihr ganzes Leben in ihre drei Jungs investiert hat. Mein Herz schlug schneller vor Freude, als ich sie sah – ich hatte sie so vermisst. Aber wieder hielt die Glastür mich von ihr fern.

Sie war die beste Mama der Welt. Meine Freunde kamen immer total gerne zu mir nach Hause. Neben unserem Haus war ein großer Platz mit einem Basketballkorb. Aber sie kamen nicht nur deshalb, sondern auch wegen meiner Mutter, die immer etwas Leckeres zum Essen hatte. Wenn meine Freunde da waren, backte sie schon den zweiten Kuchen, während der erste noch abkühlte.

Wenn sie keinen Kuchen backte, dann saugte sie. Ihr Staubsauger war im Dauereinsatz. Und noch eines war besonders an ihr: Obwohl sie eine große, kräftige Frau war, trug sie immer nur Kleider, ausschließlich Kleider. Ich glaube, selbst wenn wir zum Strand gingen und badeten, hatte sie dafür ein Kleid.

. . .

Sie lebte ganz für ihre drei Söhne. Immer, wenn wir bei einer Sportart mitspielten, stand sie am Spielfeldrand und sah uns zu – egal wie das Wetter war. In gewisser Weise war sie eine alleinerziehende Mutter, da mein Vater sechzig Stunden pro Woche arbeitete, oft sogar noch mehr, an sechs Tagen in der Woche. Genau wie sein Vater führte er die J. A. Besteman Company und handelte mit Obst und Gemüse.

Als Teenager musste ich immer spätestens um 23 Uhr zu Hause sein. Wenn ich mit dem Auto nach 23 Uhr noch unterwegs war, gab es Ärger. Papa ging oft um 1 Uhr morgens zur Arbeit los. Bei der Gelegenheit ertastete er immer, ob der Motor noch warm war. War er warm, bekam ich eine Woche lang kein Auto. Er nahm mir die Autoschlüssel ab und gab sie meiner Mutter zur sicheren Verwahrung. Dabei ahnte er ja nicht, dass Mama dann immer Mitleid hatte und mir oft schon nach zwei Tagen die Schlüssel wiedergab. Das ist ein gutes Beispiel dafür, wie meine Mutter uns nach Strich und Faden verwöhnt hat.

In vielen Situationen war meine Mutter sehr zugewandt, aber ihre Sprache war teilweise mit derben Ausdrücken gespickt, die ich hier nicht aufschreiben kann.

Sie war nachsichtig und für vieles offen. Aber wenn einer ihrer Söhne ungehorsam war, kannte sie keine Gnade. Über jeder Kinderzimmertür hing ein Stock. Hatten wir den Bogen überspannt, dann kam der Stock zum Einsatz. Wie schon erwähnt, war sie groß und kräftig, und entsprechend schmerzhaft konnte ihre Bestrafung sein. Aber oft genug ließ sie uns alles durchgehen.

• • •

Doch es gab einen Bereich, in dem sie nicht mit sich reden ließ und niemals Nachsicht gezeigt hätte: Der Feiertag musste geheiligt werden. Ihrer Meinung nach war der Sonntag dazu da, Zeit für Gott zu haben. Am Sonntag ging man zum Gottesdienst, morgens und abends. Dazwischen verbrachte man die Zeit besinnlich und beschäftigte sich mit geistlichen Themen. Zumindest mussten wir den *Anschein* erwecken, als würden wir besinnliche, geistliche Gedanken pflegen, wenn uns jemand beobachtete. Wir durften am Sonntag nur die Füße in dem kühlen See baumeln lassen, aber wir durften nie komplett ins Wasser gehen – egal wie heiß es war. Ballspiele gingen nur hinter dem Haus, wo niemand uns sah, vorne nicht. Fahrradfahren war sonntags nur im Keller möglich, wo man uns nicht sehen konnte. In dem Punkt war sie sehr gesetzlich und wir drei wilden Jungs konnten das kaum ertragen. Aber abgesehen von diesem Thema, an dem man nicht rütteln konnte, war Mama sehr nachgiebig mit uns und wir liebten sie von Herzen.

Sosehr sie ihre drei Söhne liebte, hätte sie doch auch gerne eine Tochter gehabt. Das war die größte Enttäuschung ihres Lebens. Als sie dann aber später sechs Enkeltöchter bekam, war sie die glücklichste Oma der Welt.

Mama lebte ein langes, glückliches Leben, bis sie mit neunzig Jahren an Herzversagen starb. In den Tagen davor hatte sie sehr viel Gewicht verloren, sodass sie ganz entstellt aussah. Einer der letzten Sätze, die sie an mich richtete, war: „Eigentlich wollte ich immer, dass Papa zuerst geht. Bitte sorge gut für ihn, wenn ich nicht mehr da bin. Nach meinem Tod wird er höchstens noch ein halbes Jahr leben.“ Sie hatte unrecht. Er lebte weitere sechs Jahre. Sogar als ich für kurze Zeit in den Himmel ging, weilte er noch auf Erden. Papa war wohl gesünder, als Mama dachte. Als mein Vater dann starb, waren seine Augen fast erblindet, denn die Netzhaut war zerstört. Doch kurz vor dem Augenblick, als er seine Augen für immer schloss, konnte er plötzlich scharf sehen. Gott hatte seine Augen geheilt, rechtzeitig, bevor er ihm den Himmel zeigte.

Als ich Mama zum letzten Mal sah, war sie sehr schwach und gebrechlich, ihre Wangen waren fahl und eingesunken. Ein Organ nach dem anderen versagte ihr den Dienst. Ich war nicht dabei, als sie dann ging. Ihr Tod war eine schwere Erschütterung für mich, obwohl sie ein hohes Alter erreicht hatte und ich selbst auch schon alt war. Aber man hat eben nur eine Mutter.

Dann stand ich im Inneren des Tores, auf dem himmlischen Gras, und bekam das Geschenk, dass ich meine liebe Mutter sehen durfte, bevor ich wieder gehen musste. Sie kam etwas näher zu mir als meine Großeltern, und ich konnte genau erkennen, was sie anhatte und wie sie aussah: Sie schien die fünfundzwanzig Kilos, die sie zuletzt abgenommen hatte, wieder zugelegt zu haben und wirkte stark, mit frischen, runden Wangen und viel Dynamik in ihren Bewegungen – sie war wieder die Alte, die Mama, die ganz für ihre Kinder da war. Nur dass sie keinen Staubsauger in der Hand hatte. Sie trug auch wieder ein Kleid im Stil von damals, als sie das Haus saugte, Kuchen backte und ihre Jungs mit dem Stock bestrafte. Sie lächelte mich an. Ich war ihr Erstgeborener. Dann winkte sie mir, ich winkte zurück. Wie zuvor meine Großeltern bedeutete sie mir hereinzukommen. Aber ich konnte nicht, so sehr ich es mir auch gewünscht hätte.

**Paul und Norm**

In dem Moment entdeckte ich einen guten Freund von mir. Links von mir, ein paar Hundert Meter entfernt, tauchte plötzlich Paul auf. Wir hatten oft zusammen Tennis gespielt und sein unerschütterlicher Glaube hatte mir oft Halt gegeben. Er war Mitte sechzig, als er an Leukämie starb. Ironischerweise starb er in dem Krankenhaus, von dem aus ich meine Reise in den Himmel unternahm. Wir gingen beide in den Himmel, nur dass er dort bleiben durfte, während ich wieder gehen musste. Der Glückliche!

Paul hatte einfach ein großartiges Gedächtnis. Er dachte immer an alle Kleinigkeiten. Wir waren zusammen in vielen Komitees und Gemeindebesprechungen und ich hatte viel Gelegenheit, ihn für seinen Glauben zu bewundern. Sein Vertrauen in Gott war grenzenlos. Ich kannte niemanden wie ihn. Er unternahm viele Dinge im Glauben, und Gott gab ihm immer, was dazu jeweils nötig war.

Als wir uns das letzte Mal sahen, hatten wir beide einen Werkstatt-Termin für unsere Autos. Dort saßen wir zusammen und unterhielten uns, während unsere Autos gewartet wurden. Dabei erzählte er mir auch, dass er ein paar Untersuchungen machen ließe, weil er sich in letzter Zeit nicht gesund fühlte. Schon damals ahnte er, dass mit seinem Körper etwas nicht in Ordnung war.

Er hatte sich nicht getäuscht. Nach dieser Begegnung fuhren Ruth und ich nach Florida, wo wir den Winter verbrachten.

• • •

Danach sah ich ihn erst im Himmel wieder. Telefonisch wurden wir von Freunden auf dem Laufenden gehalten, was mit ihm war. Er hatte akute Leukämie, eine schreckliche Krankheit, die schnell voranschreitet. Man erzählte mir, dass er kurz vor seinem Tod furchtbar aussah. Als Gesunder hatte er bei einer Länge von 1,90 Meter gut über hundert Kilo gewogen. Sein Bauchumfang verriet jedem, dass er Freude an einem guten Essen hatte. Doch am Ende seines Lebens hatte er nur noch knapp sechzig Kilo auf den Rippen. Er war bis auf die Knochen abgemagert, wie dies bei vielen Krebspatienten der Fall ist. Nachdem er einmal ins Krankenhaus eingeliefert worden war, wurde er nicht mehr entlassen. Er baute schnell ab, schlief viel und war oft nicht mehr bei Bewusstsein. Es machte mich sehr traurig, dass mein guter Freund einen so schweren Tod sterben musste.

Umso erstaunter war ich, als ich ihn im Himmel sah: Er sah blendend aus und wog auf jeden Fall wieder über hundert Kilogramm. Als ich unseren gemeinsamen Freunden später von ihm erzählte, wollten alle wissen, ob er seinen kugelrunden Bauch jetzt wieder hätte?

Ja, wirklich, der Bauch war auch wieder da!

Es dauerte ein bisschen, ehe ich realisierte, dass ich mit meinen eigenen Augen gerade wirklich und leibhaftig Paul sah. Während ich noch damit beschäftigt war, das zu verdauen, tauchte schon der nächste Freund auf, Norm, keine zwei Meter von Paul entfernt. (Paul und Norm waren Freunde, aber es sah nicht so aus, als würden sie zusammen spazieren gehen, zumindest nicht in dem Moment, als ich sie sah.) Norm war auch ein hingegebener Christ und ein engagierter

Gemeindeleiter. Beide Männer waren auch Geschäftsleute. Ich schätzte es sehr, dass wir uns darüber austauschen konnten, wie man sich als Christ in der Geschäftswelt richtig bewegen kann.

Norm spielte begeistert Golf und angelte sehr gerne. Nie lächelte er so glücklich, wie wenn er mit dem Boot auf den Michigansee hinausfuhr, seine Angel auswarf und einen Lachs nach dem anderen ins Boot zog.

Beide Freunde waren starke Beter. Wir hatten viele Stunden gemeinsam im Gebet verbracht. Vielleicht hat Gott mich deshalb diese beiden sehen lassen? Sie waren wichtige Freunde für mich und trugen sehr zu meiner geistlichen Entwicklung bei.

Alle Personen, denen ich begegnete, spielten eine wichtige Rolle in meinem Leben.

Ich war sehr traurig, als Norm auch Krebs bekam und ebenfalls einen schweren, schmerzhaften Tod starb. Auch er war zuletzt sehr mager. Diese einst so muskulösen Arme, die auch den größten Lachs mühelos aus dem Wasser gezogen hatten, waren kraftlos geworden und bestanden nur noch aus Haut und Knochen. Er starb zwei Monate vor meiner Reise in den Himmel.

Als ich jetzt Norm und Paul entdeckte, schüttelte ich ungläubig den Kopf. Norm war wieder der kräftige Typ von einst. Beide sahen so aus, als wären sie nie in ihrem Leben auch nur einen Tag lang krank gewesen. Sie hatten sogar wieder volles Haar. Die beiden waren so angezogen, als würden sie zum Golfplatz gehen oder ihre Frauen ins Restaurant einladen.

• • •

Da entdeckten sie mich. Ihre Augen strahlten vor Freude, sie grinsten und winkten mich herein. Später fragte Ruth mich: „Was haben deine Angehörigen und Freunde wohl gedacht, warum du nicht gekommen bist, obwohl sie dir gewinkt haben?“ Nun, ich weiß es auch nicht. Traurig oder ärgerlich sahen sie jedenfalls nicht aus. Doch keiner von ihnen erkannte, dass ich gar nicht hineinkommen konnte, obwohl das mein sehnlichster Wunsch war. Konnten sie die Tür etwa nicht sehen? Die Frage kann ich nicht beantworten. Vielleicht kann man, wenn man erst einmal im Himmel ist, nicht mehr wahrnehmen, was sich draußen abspielt? Gleichzeitig nehme ich an, dass alle Himmelsbewohner mehr wissen als wir auf der Erde, zumal sogar ich bestimmte Dinge einfach wusste, ohne dass jemand sie mir sagen musste. Dabei stand ich erst am Eingang des Himmels. Trotzdem haben alle, die mich kannten, mich herzlich hereingewinkt. Offensichtlich ahnten sie nichts von der Tür, die mir den Eingang versperrte. (Nun, auch diese Frage werde ich klären, wenn ich wieder dort bin.)

• • •

Wenn ich doch nur hineingekommen wäre. So gerne wäre ich auf meine Großeltern, meine Mutter, Paul und Norm zugegangen. Außerdem hätte ich, wenn ich erst einmal drinnen gewesen wäre, auch William John gesucht.

Wieder versuchte ich, das Tor aufzudrücken, doch es ging einfach nicht.

## Warum habe ich diese Personen gesehen?

Wenn ich erzähle, wen ich im Himmel sah, dann fragen mich viele Bekannte, ob ich auch ihren verstorbenen Ehepartner, ihre Kinder, Eltern oder Freunde gesehen habe.

Nun, ich hätte Hunderte von Menschen sehen können – und sicher hätte ich dort gerne Verstorbene gesehen, von denen ich mich immer fragte, ob sie im Himmel sind. Aber nur weil ich sie nicht gesehen habe, heißt das nicht, dass sie nicht dort sind.

Ich habe immer wieder darüber nachgedacht, warum ich gerade diese sechs Gesichter sehen durfte und sonst keine.

Seit meiner Reise habe ich viele Berichte anderer Menschen gelesen, die etwas Ähnliches erlebt haben. Alle stimmten an dieser Stelle überein: Sie sind genau den Personen begegnet, die für ihr Leben von Bedeutung waren. Don Piper, Autor von „Neunzig Minuten im Himmel", sah seinen Großvater und einen Freund aus der Kindheit, der bereits als Teenager gestorben war und maßgeblich dazu beigetragen hatte, dass Don zum Glauben gekommen ist. Außerdem sah er zwei Lehrer, die in seinem Leben eine wichtige Rolle gespielt hatten, dazu noch seine indianische Urgroßmutter.

Ich weiß immer noch nicht genau, warum ich ausgerechnet diese sechs Personen sah und sonst niemanden. Natürlich habe ich diese Frage auch an Gott gerichtet, viele Male. Immer wieder habe ich darüber nachgedacht. Aber mir ist keine Antwort eingefallen. Warum waren dort meine Großeltern väterlicherseits, während die Eltern meiner Mutter nicht auftauchten? Warum sah ich zwar Norm und Paul, aber viele andere gute Freunde, die auch gestorben sind, sah ich nicht? Gott hat diese Personen für mich ausgesucht und ich will davon ausgehen, dass er gute Gründe dafür hatte. Das muss mir vorläufig genügen. Meine geistlichen Leiter meinten, es waren alles Leute, die für mein Glaubensleben von Bedeutung waren, und damit haben sie recht.

Trotzdem beschäftigt mich das Thema. Warum haben mich diese sechs Personen begrüßt? Wer wird nächstes Mal auf mich warten? Werden die gleichen Personen kommen oder andere?

Bisher habe ich von den sechs Personen, die ich sah, aber nur fünf beschrieben. Der sechsten Person möchte ich das ganze nächste Kapitel widmen. Kurz nachdem ich Norm und Paul entdeckt hatte, sah ich den Verstorbenen, nach dem ich das stärkste Verlangen hatte. Sein Tod hat mir wirklich das Herz zerrissen und ich sehnte mich sehr nach ihm: Ich sah Steve.

10

# Mein bester Freund – verloren und wiedergefunden

Meine Blicke schweiften über die große Menschenmenge hinweg nach links, so weit es möglich war. Da entdeckte ich meinen ganz besonderen Freund. Knapp fünfzehn Meter von mir entfernt stand mein 42-jähriger Schwiegersohn und zugleich mein allerbester Freund: Steve.

Erneut versuchte ich mit aller Kraft, diese Tür zu öffnen – wieder ohne Erfolg. Mein Herz jubelte vor Freude, meine Augen strahlten, ebenso wie mein ganzes Gesicht. Steve! Er war so lebendig und erstrahlte in aller Schönheit und Herrlichkeit.

Ich hatte Steve das erste Mal gesehen, als er noch ein schlaksiger Student gewesen war: Er war ein Studienkollege meiner Tochter Amy an der Central Michigan Universität. Sie begannen, sich zu verabreden. Dann brachte Amy ihn mit nach Hause, damit er Ruth und mich kennenlernte. Ich erinnere mich noch daran, wie mich seine Höflichkeit beeindruckte. Was ich mir damals nicht hätte träumen lassen, war die Möglichkeit, dass dieser junge Mann eines Tages in meinem Leben gleich an Platz zwei nach Ruth treten und mein engster Freund und Vertrauter werden würde.

Als ich Steve kennenlernte, war ich mir schnell sicher, dass ich ihm meine Tochter anvertrauen konnte. Er war ein Mensch, der treu zu seiner Familie stehen, fleißig arbeiten und gut für sie sorgen würde. Als er dann bei mir um Amys Hand anhielt, stellte ich ihm die gleiche Frage, die ich auch Joe, Julies Mann, gestellt hatte: „Bist du dir sicher, dass du dieser jungen Frau ein Leben bieten kannst, das ihrem bisherigen Lebensstil entspricht?“ Das war lustig gemeint, allerdings nur zum Teil. „Kannst du diese Frau finanziell versorgen?“ Als Vater einer Tochter ist man dem zukünftigen Schwiegersohn nur in ganz wenigen Augenblicken im Leben richtig überlegen. Ich wollte diese Situation maximal auskosten und auch ein Späßchen mit ihm machen. Natürlich gab ich ihm meine Tochter. Diesen Entschluss habe ich nie bereut.

## Ich wurde der „Papa“ für ihn

Steve war ein super Typ. Er hatte ein dienendes Herz und war immer schnell dabei, anderen zu helfen. Stand jemand mit einem platten Reifen am Straßenrand, so hielt er an und half beim Reifenwechsel. Samstags kam er zu uns und fragte, ob es etwas zu tun gäbe. Wenn ich etwas zu reparieren hatte, gingen wir zusammen zum Baumarkt, kauften, was nötig war, und machten uns an die Arbeit. Er war ein sehr treuer Mensch. Jeder wünscht sich solche Freunde, die einem immer zur Seite stehen, unter allen Umständen, ein Leben lang.

So wie Ruth und ich Freude am Golfspielen haben, so liebte Steve das Angeln. Er angelte alles, was in die Pfanne passte, oft kam er mit Zander und Hechten zurück. Da er seine Beute großzügig teilte, füllte sich unser Tiefkühlschrank allmählich mit Fischen.

Einmal kam er mit einem großen Block zusammengefrorener Fische vorbei. Alle möglichen Sorten waren dabei. Wir mussten etwa zwanzig Leute zu einer Grillparty einladen, um alle Fische aufzuessen.

Steve aß gerne und machte uns damit viel Freude. Er kam immer als Erster, wenn Ruth zum Essen rief, und er saß jedes Mal noch als Letzter am Tisch. Oft erfreute er Ruth, indem er erklärte, sie sei die beste Köchin der Welt. Wir staunten, wie viel dieser schlanke junge Mann essen konnte. Wenn er dann satt war, half er immer, den Tisch abzuräumen und das Geschirr zu spülen. Steve war wirklich der perfekte Schwiegersohn.

Trotzdem war ich sprachlos, als er schon bald nach der Hochzeit eine besondere Frage an mich richtete. Zwei oder drei Monate nach der Hochzeit war sein Vater gestorben, viel zu jung.

Etwa ein halbes Jahr danach kam er auf mich zu und sagte: „Ich habe keinen Vater mehr, aber ich brauche einen väterlichen Ratgeber. Würdest du das für mich sein?“

• • •

Ich wollte darüber beten und beschloss es zu versuchen. Dann hatte er noch einen Wunsch: Niemand sollte davon wissen, nicht einmal Ruth. Es sollte unser Geheimnis sein. Diese geheime Veränderung unserer Beziehung verband uns von da an innerlich aufs Engste.

In den folgenden Jahren kam Steve oft zu mir und fragte mich in den unterschiedlichsten Bereichen um Rat. Im Zusammenhang mit der Erziehung ihrer beiden Kinder hatte er viele Fragen. Es ging um ein ausgewogenes Verhältnis von Lob und Strafe, um Erziehungstipps, Problemlösungen und viele andere Dinge. Ich selbst hatte als Vater vieles falsch gemacht und daraus gelernt. Aus diesen Erfahrungen konnte ich ihm nun manche Frage beantworten. Steve bat mich auch um Rat zu geistlichen Fragen, zur Ehe, zu Gefühlen, zu allen möglichen Beziehungsthemen und zu finanziellen Entscheidungen. Nicht immer setzte er meine Vorschläge um, aber er fragte und ich antwortete, so gut ich konnte. Wir redeten sehr viel miteinander. So entstand über die Jahre die engste Beziehung, die zwischen Vater und Sohn überhaupt denkbar ist.

## In der Blütezeit seines Lebens

Als bei Steve das Ehlers-Danlos-Syndrom (oder einfach: EDS) diagnostiziert wurde, konnte ich mir das Leben nicht mehr ohne meinen Extrasohn vorstellen. Das war 2005.

Ich hatte von dieser Krankheit bis dahin noch nie etwas gehört. Doch alles, was ich jetzt darüber erfuhr, klang schrecklich.

. . .

Den Statistiken zufolge tritt diese Erkrankung unter fünftausend Personen nur einmal auf. Männer und Frauen sind gleich häufig betroffen, ebenso alle ethnischen Gruppen.

Ich bin kein Arzt, aber Ruth als tüchtige Krankenschwester half mir, schon bald vieles über diese Krankheit zu lernen. Zu EDS zählt eine Gruppe von angeborenen Störungen des Bindegewebes. Das auffallendste Symptom ist eine Überdehnbarkeit der Haut, überbewegliche Gelenke sowie dünne, leicht verletzbare Haut. Auch Gefäße, Muskeln, Bänder, Sehnen und innere Organe sind betroffen. Menschen mit EDS können ihre Finger bis zum Handrücken biegen oder sie können ihre Haut vom Körper wegziehen, als hätten sie hundert Kilo abgenommen. Namensgeber der Krankheit sind Edvard Ehler aus Dänemark, der 1901 die wesentlichen Zusammenhänge beschrieb, und Henri-Alexandre Danlos aus Frankreich, der 1908 vorschlug, die Überdehnbarkeit und Zerreißbarkeit der Haut als Hauptmerkmale zu definieren.

Offensichtlich lag bei Steve, genau wie bei allen anderen EDS-Patienten, ein Defekt bei der Bildung und Funktion des Bindegewebes vor. Ursache ist in vielen Fällen ein defektes Kollagen, das für den Zusammenhalt und die Elastizität des Gewebes verantwortlich ist. Kollagen, der Klebstoff des Körpers, erfüllt bei EDS-Patienten nicht seine Funktion: Entsprechend treten häufig Verletzungen der Haut und Gelenke auf. Steve verletzte sich wirklich oft beim Sport. Einmal war das Knie verrenkt, dann die Schulter ausgekugelt, dann ein Fingergelenk verletzt. Wir dachten, er sei einfach ein Pechvogel. Niemand hätte gedacht, dass es eine so ernste Ursache für seine vielen Sportunfälle gab.

• • •

Bei Steve waren auch die Gefäße mitbetroffen, was leicht zum Zerreißen kleiner Adern und zu vielen blauen Flecken führte. Seine Venen wurden immer weiter. Man versuchte, die Venen operativ zu behandeln. Nach dem Eingriff erklärte die Ärztin, wenn man Steves Venen zusammennähen wollte, sei das etwa so, als wolle man Spaghettis aneinandernähen. Ein andermal verglich sie die Venen mit überdehnten, platzenden Autoreifen.

Es gibt verschiedene Variationen der Krankheit, je nachdem, welche Gene verändert vorliegen. Manchmal ist die Krankheit nur schwach ausgeprägt, bei manchen Formen ist sie lebensbedrohlich.

Im Februar 2005 wurde mittels einer Biopsie bestätigt, dass Steve tatsächlich an EDS litt, und zwar leider an einer der schlimmeren Varianten. Doch es sollte noch einige Monate dauern, ehe wir begriffen, wie schlimm die Krankheit in seinem Fall tatsächlich war. Es gibt keine Möglichkeit, diese Krankheit zu behandeln. Man kann nur versuchen, das Fortschreiten zu verlangsamen und die Symptome zu lindern. Steves Arzt untersuchte und beobachtete ihn sorgfältig und riet ihm, körperliche Aktivität nur noch mit größter Vorsicht anzugehen. Selbst beim Spielen mit seinen Kindern sollte er vorsichtig sein. Jeder Schlag gegen den Rumpf war lebensgefährlich, da seine großen Gefäße Aneurysmen gebildet hatten, Aussackungen, die jederzeit reißen konnten. Von nun an durfte er nicht mehr mit seinen Kindern um die Wette rennen, durfte weder hüpfen noch kämpfen, wie er es bisher immer getan hatte. Hätte ihn ein Ball in den Bauch getroffen, wäre es eine Katastrophe gewesen.

• • •

Dann wurde er immer schneller müde. Selbst das Rasenmähen strengte ihn so an, dass er sich zwischendurch aufs Sofa legen musste. Die Krankheit kostete ihn alle Kraft.

Im Dezember 2005 wurde überlegt, ob man ihm operativ helfen könnte. Auch wenn die Gefäße die Konsistenz von Spaghetti hatten, so bestand doch die Hoffnung, dass man sie stabilisieren könnte. Die Menschen in seinem Umfeld ermutigten ihn, den Eingriff möglichst bald machen zu lassen. Doch er war eisern: „Nicht vor Weihnachten. Ich werde meinen Kindern nicht das Fest verderben."

## Wir verlieren Steve

Zu keinem Zeitpunkt hatten wir in Betracht gezogen, dass Steve dabei sterben könnte. Erst im Nachhinein verstand ich, dass wir alle entsprechenden Hinweise bewusst ignoriert hatten. Amy fragte die Ärzte nie, wie gefährlich die Operation war, sie wollte immer nur wissen: „Wie wird sein Leben danach aussehen?"

„Er wird mit erheblichen Beeinträchtigungen leben müssen", war die vage Auskunft. Ich ging davon aus, das bedeute schlichtweg, dass er sich oft ausruhen und vor Verletzungen hüten müsse. Immerhin hatten die Ärzte Amy und Steve auch Hoffnung auf ein halbwegs normales Leben gemacht, das nach dem Eingriff möglich sein könnte.

Wir waren so unbekümmert, was Steves Situation betraf, dass Ruth und ich wie in jedem Winter für ein paar Monate nach Arizona gingen. Als wir uns vor der Reise verabschiedeten, rechnete ich nicht im Traum damit, dass ich Steve erst im Himmel wiedersehen würde.

Nach unserer Ankunft in Sun City waren wir ständig per Telefon und Mail in Kontakt mit Amy und Steve. Seine Operation war für Anfang Februar geplant. Ruth flog nach Grand Rapids zurück, um auf die Kinder aufzupassen, während Amy und Steve in die Cleveland Klinik nach Ohio fuhren.

Sie packten alles in ihren Kleinbus und traten die sechsstündige Fahrt an. Nach der Operation sollte er liegend zurückgefahren werden, hatten die Ärzte erklärt. Also hatten sie schon die Rückbank umgeklappt und mit einer Matratze und vielen Kissen ein gemütliches Lager gebaut, das Steve auf dem Rückweg benötigen würde. Alle rechneten mit der Rückkehr. Ich natürlich auch. Ob Steve damit rechnete, dass er sterben könnte? Ich glaube, dass er ganz tief drinnen auch an diese Möglichkeit dachte.

Viele Leute hatten in seiner Gemeinde für ihn gebetet. Als Ruth sich von ihm verabschiedete, entgegnete er fast schroff: „Gib mir einfach einen Kuss und dann ist es gut.“ Ich vermute, dass sein Bedarf an Menschen, die ihn wie einen Sterbenden behandelten, gedeckt war. Er wollte einfach nur einen kurzen Abschied, ohne Drama und ohne zu viele Gefühle.

Sein Pastor hatte ihn in einer E-Mail gefragt, ob er auch zum Sterben bereit sei. Steve hatte diese Frage bejaht. Aber er wollte nicht zu tief in das Thema einsteigen, das war offensichtlich.

Nach der ersten Operation in der Cleveland Klinik erlitt Steve einen Herzstillstand. Davon erholte er sich leider nicht mehr. In den folgenden neun Tagen wurden drei weitere Operationen vorgenommen. Nach der zweiten Operation machten sich die Chirurgen schon überhaupt nicht mehr die Mühe, ihn wieder zuzunähen. Die Lage hatte sich zum Schlimmsten zugespitzt.

Als mir dämmerte, dass Steve sterben könnte, warf ich alle Sachen aus unserer Unterkunft ins Auto und fuhr von Arizona nach Michigan. Es ist eine lange Fahrt, wenn man alleine ist. Ich hatte viele Stunden Zeit, um über alles nachzudenken. So betete ich, weinte, betete ...

Unterdessen waren auch unsere Kinder Julie und Mark sowie Steves Mutter im Krankenhaus eingetroffen, um bei Steve und Amy zu sein. Steve rang mit dem Tod. Er bekam so starke Schmerzmedikamente, dass er halluzinierte. Immerhin spürte er keine Schmerzen, dafür war ich dankbar.

Am Ende der vierten Operation ließ sich die innere Blutung nicht mehr kontrollieren und Steve verblutete. Dieser kostbare, fröhliche junge Mann lebte nicht mehr – niemand konnte es fassen.

Als mitten in der Nacht das Telefon bei Ruth klingelte, die im Haus von Amy und Steve war, ahnte sie es schon: Unser Sohn Mark teilte ihr am Telefon mit, dass Steve gestorben war. Dann rief Ruth bei mir an, um mir die gefürchtete Nachricht weiterzugeben. Selbst jetzt schnürt es mir den Hals zu, wenn ich mich daran erinnere. Was ich in jener Nacht fühlte, lässt sich nicht in Worte fassen. Es war das schlimmste Erlebnis meines Lebens. Meine Tochter hatte ihren Mann verloren, meine Enkel ihren Vater. Die Kinder würden ihren Papa schrecklich vermissen, Amy ihren Mann.

• • •

Steve hatte so viele Gaben. Und er war noch so jung – viel zu jung, um zu sterben. Wie gerne hätte ich seinen Platz eingenommen und ihm ermöglicht, in mein Alter zu kommen. Seine Familie hatte ihn sehr geliebt, genau wie die Schüler, deren Lehrer er gewesen war. Ich erinnerte mich daran, mit wie viel Freude er eine Roboter-AG an der Schule aufgebaut hatte. Wer würde diese jetzt leiten? Man hat die seltsamsten Gedanken, wenn jemand stirbt.

Ich fuhr zu Amys Haus, wo Ruth und ich den Kindern gemeinsam mitteilen mussten, dass sie ihren Vater verloren hatten. Das Entsetzen und der Schmerz waren furchtbar. Ich selbst weinte wie ein Baby. Ich hatte meinen Schwiegersohn verloren und meinen besten Freund.

## Laufen, springen und den Herrn loben

Schon zwei Monate später sah ich Steve wieder. Damit hätte ich nicht gerechnet. Nach meiner Reise in den Himmel verstrich viel Zeit, ehe ich meiner Familie erzählte, was ich erlebt hatte. Zunächst wollte ich mit niemandem darüber reden, nicht einmal mit Ruth. (Später im Buch werde ich darauf eingehen, warum mir das so schwerfiel. Aber an dieser Stelle möchte ich die Geschichte von Steve zu Ende führen.) Als ich nach längerer Zeit gegenüber Ruth doch alles auf den Tisch packte, war die Hemmschwelle überwunden und bald darauf war ich auch bereit, unseren drei Kindern von meiner Reise zu berichten.

An diesem Abend kochten die unterschiedlichsten Gefühle hoch. Ich erzählte meiner Tochter, wo ihr Mann war und auf sie wartete. Es war ein unglaublicher Abend, an Intensität nicht zu überbieten, randvoll mit Leid, Freude und Ehrfurcht.

Amy war in tiefer Trauer über den Verlust von Steve und hatte mit so vielen Emotionen zu kämpfen. Jeder, der einen nahestehenden Menschen verliert, kennt das. Sie war wütend und fühlte sich verlassen und allein. Nun kam, mitten in diesen Gefühlsmix, ausgerechnet ihr Vater und erzählte, dass er Steve mit seinen eigenen Augen im Himmel gesehen hatte. Wir alle wussten nicht so recht, was wir in dem Zusammenhang denken und fühlen sollten, Amy am wenigsten. Hatte sie nicht versucht, sich vorzustellen, dass Steve immer noch bei ihr war, dass er ihre Not sah und dass er ihre Sehnsucht nach Nähe vielleicht sogar teilte? Die Nachricht, Steve sei voller Freude und strahlend, ohne einen Gedanken an sie und die Kinder, fern von ihrer Trauer und ihrer Einsamkeit – diese Nachricht war zunächst nicht gerade hilfreich für Amy. In gewisser Weise fühlte sie sich durch meinen Bericht noch stärker verlassen und weiter getrennt von ihrem Mann.

Ich versuchte, so behutsam wie möglich zu erzählen. Aber als ich erwähnte, wie gerne ich dortgeblieben wäre und wie sehr ich mich auf meine nächste Reise in den Himmel freue, kam das nicht gut an. „Und wir sind dir egal?“, fragten die Kinder irritiert. Sie konnten das nicht verstehen und es tat ihnen weh. Wollte ich denn nicht mehr mit ihnen zusammen sein? Liebte ich sie nicht mehr?

Natürlich liebte ich sie. Diese Kinder und Enkel sind das Kostbarste, das ich habe, und ich würde alles für sie tun. Aber wenn sie in dieser herrlichen Welt gewesen wären und gehört und gesehen hätten, was ich hören und sehen durfte, dann könnten sie mich verstehen. Jeder, der einen Blick in diese Welt geworfen hat, möchte nie wieder an einem anderen Ort sein.

Auch Steve würde nicht zurückkommen wollen, da bin ich mir absolut sicher. Als ich ihn dort auf der anderen Seite der durchsichtigen Tür sah, nur wenige Meter von mir entfernt und zugleich absolut unerreichbar, da war ich voller Glück. Wir hatten Blickkontakt und wir strahlten beide um die Wette. Er sah so unendlich glücklich aus, als hätte er gerade den schwersten Barsch aller Zeiten gefangen und würde ihn nun wiegen. Die Krankheit, die ihn in den letzten Monaten wie in eine graue Wolke gehüllt hatte, war verschwunden. Steve war so stark und kraftstrotzend, wie ein junger Mann es nur sein kann. Er begann, auf und ab zu hüpfen, und winkte mir voller Begeisterung zu. Er hüpfte auf und ab! War das der Mann, der im letzten halben Jahr mehr tot als lebendig gewesen war, der sich vor jeder Belastung, Bewegung und Erschütterung gehütet und auf so vieles verzichtet hatte? Nun sprang er vor Freude wie ein ausgelassenes Kind. Die Fesseln des irdischen Lebens, Krankheit, Schwäche und Sorgen, waren von ihm abgefallen.

Wie schön, das zu sehen! Mein kostbarer Freund, geliebter Schwiegersohn, Geschenk Gottes – er war frei. Steve war vollkommen frei!

• • •

11

# Nach dem Erwachen

Petrus war sehr lange weg, um Gott zu fragen, ob ich bleiben dürfte. Wahrscheinlich waren es nur fünf bis zehn Minuten, aber es ist schwer zu schätzen, wie viel Zeit im Himmel verstreicht. Ich trug keine Uhr und selbst wenn ich eine gehabt hätte, wäre mir die Uhrzeit vermutlich egal gewesen.

In diesen Minuten sah ich so viel Herrlichkeit – wiederhergestellte, zufriedene Babys, einen himmlisch schönen See, wunderbare Farben, die lächelnden Gesichter von sechs geliebten Menschen und noch viel, viel mehr. Es waren die großartigsten Momente meines ganzen Lebens – natürlich! Ich sah in den Himmel!

Am meisten erfüllte mich das Verlangen, durch diese Tür zu meinen Lieben zu gehen und dem Gott zu begegnen, den ich liebte, dessen Liebe ich hier so stark spürte und die mein Innerstes entzündete.

Endlich kam Petrus zurück. Mit einem Lächeln glitt er durch die Tür, die für mich unpassierbar war. Seine Augen funkelten, als würde er mir gleich ein Geheimnis verraten.

„Marv“, sagte er mit fester Stimme und sah mir direkt in die Augen, „ich habe mit Gott gesprochen und Gott lässt dir ausrichten, dass du zurückgehen musst. Er hat auf der Erde noch Arbeit für dich. Du sollst dort ein paar Sachen erledigen.“

Ich wollte wieder diskutieren, aber es war schon zu spät. Die Entscheidung war gefallen und ich hatte kein Mitspracherecht. Im nächsten Augenblick lag ich wieder in meinem Krankenhausbett in der Universitätsklinik von Michigan und alle Kabel und Schläuche waren wieder an mir befestigt.

## „Ich will nach Hause“

Zurück in meinem Krankenzimmer, fühlte ich als Erstes das Licht: ein kaltes, grelles Licht, das mich anzugreifen schien und mich zusammenzucken ließ. Meine Augen schmerzten davon. Im Himmel war es viel heller gewesen – immerhin ist Gott selbst dort das Licht – und in diesem himmlischen Licht hatten sich meine Augen wohlgefühlt.

All diese Schläuche und Kabel hingen wieder an meinem Körper und die Schmerzen waren auch wieder da! Mir war gar nicht aufgefallen, dass ich während der Reise vollkommen schmerzfrei gewesen war. Jetzt kehrten das Pochen, Stechen und Brennen mit voller Wucht zurück.

Zwei Krankenschwestern rannten herein, um nach mir zu sehen. Ruth erklärte mir später, dass Krankenschwestern normalerweise nicht zu zweit kommen. Im Normalfall werden jeder Pflegekraft einige Patienten zugewiesen, für die sie verantwortlich ist und um die sie sich alleine kümmert. Warum sie jetzt zu zweit und in solcher Eile kamen, weiß ich nicht. Vermutlich hatte eine Anzeige auf meinem Monitor sie alarmiert.

Wenn ich mich richtig erinnere, weinte ich schon, bevor sie hereinkamen, nach meinem Blutdruck sahen, die Sauerstoffsättigung überprüften und alle Schläuchen und Zugänge kontrollierten.

Erst nachdem sie sichergestellt hatten, dass medizinisch bei mir alles in Ordnung war, bemerkten sie, wie jämmerlich ich schluchzte.

„Was haben Sie denn?“, fragte mich eine der Krankenschwestern. Ob sie das in einem freundlichen Ton fragte oder nicht, weiß ich nicht mehr. Mir erschien im Moment alles sehr unfreundlich.

„Ich will nach Hause“, weinte ich.

*Du musst zurückgehen. Ich habe auf der Erde noch Arbeit für dich …*

Wenn ich körperlich in der Lage gewesen wäre, dann hätte ich jetzt mit dem Fuß aufgestampft wie ein zorniger Vierjähriger. Es war mir absolut egal, ob es hier noch Arbeit für mich gab. In dem Moment hatte ich nur das eine Verlangen: Ich wollte zurück zu jenem vollkommenen, herrlichen, schmerzfreien Ort. Warum musste ich wieder hier liegen mit all den Geräten um mich herum und dem ganzen Elend in meinem Körper?

Die Schwester meinte es gut, als sie sagte: „Es wird noch ein bisschen dauern, bis wir Sie entlassen können, Herr Besteman.“ Dabei sah sie mitleidig auf mich herab. Sie ahnte ja nicht, dass ich vom Himmel sprach. Ich wollte doch nicht nach Byron Center in Michigan zurück!

Wie sollte ich das diesen Krankenschwestern erklären? Ob sie überhaupt an Gott glaubten? Wahrscheinlich eher nicht. Mindestens eine hielt mich ja schon jetzt für einen verwirrten alten Mann, der dachte, er könnte direkt nach der Operation einfach nach Hause gehen. Wenn ich ihnen obendrein sagen würde, was ich unter „nach Hause“ verstand, würden sie meinen mentalen Zustand vollends abschreiben. Ich konnte mir schon ausmalen, worüber das Pflegepersonal in der nächsten Pause lachen würde.

An den nächsten Tag kann ich mich nicht erinnern. Meine Schmerzen waren schrecklich, obwohl die Krankenschwester ständig die Dosis schmerzlindernder Medikamente erhöhte. Ruth erzählte mir später, dass mein Körper den ganzen Tag lang zitterte.

Ich bekam Besuch von Freunden aus Grand Rapids. Bei ihnen war ich mir sicher, dass sie gläubig waren, trotzdem hielt mich etwas davon ab, ihnen meine Geschichte zu erzählen. Wer würde mir schon glauben? Ich wollte nicht riskieren, dass sie mich für verwirrt hielten.

Dazu kam ein wachsender innerer Schmerz. Warum hatte Gott mir Dinge gezeigt, die so herrlich und so wunderbar waren, dass ich sie unmöglich beschreiben konnte? Trieb er seine Spielchen mit mir, indem er mich diesen Ort sehen ließ, um mir dann den Einlass zu verwehren?

Warum mutete er das ausgerechnet mir zu? Hätte er sich nicht eine jüngere, redegewandte Person aussuchen können? Ich habe mich das tausendmal gefragt. (Später sagten meine geistlichen Leiter dazu: „Warum nicht du?“ So kann man es auch sehen.)

*Er hat auf der Erde noch Arbeit für dich …*

Immer wieder fragte ich mich, was er wohl damit meinen könnte! Monatelang kreisten meine Gedanken um diese eine Frage, auf die ich keine Antwort fand.

Ich blieb noch fünf Tage in der Klinik, dann kam ich zurück nach Byron Center.

Als ich damals ins Krankenhaus gekommen war, um operiert zu werden, war es noch Winter gewesen. Bei meiner Entlassung lag bereits der Frühling in der Luft. Die Sonnenstrahlen wärmten mich, der Himmel war hellblau und überall zeigten sich Knospen.

Ruth und ich freuten uns sehr, das Krankenhaus verlassen und wieder draußen sein zu können! Aber alle Schönheit des Frühlings war schal, gemessen an dem, was ich im Himmel gesehen hatte. Wir fuhren nach Westen, nach Hause, und mir wurde bewusst, dass mein Leben nie wieder so sein würde wie vor meiner Reise in den Himmel.

## Die Enttäuschung

Wir waren wieder zu Hause. Zuerst verbrachte ich viel Zeit auf dem Sofa, dann kam ich langsam zu Kräften und allmählich kehrte der Alltag zurück. Dabei wuchs meine Überzeugung, dass ich die Geschichte vom Himmel am besten für mich behalten sollte. Auch Ruth würde ich nichts davon sagen.

• • •

Ich hoffte, die Erinnerung würde mit der Zeit verblassen und in den Hintergrund treten, wie es mit schönen Träumen auch der Fall ist. Die Vorstellung, darüber reden zu müssen, war mir sogar zuwider. Nein, ich würde die Geschichte einfach vergessen.

Aber es ging nicht. Im Gegenteil, nichts davon verblasste. Ständig musste ich an all das denken, was ich dort gesehen und erlebt hatte. Immer wieder kehrten meine Gedanken zu den Menschen zurück, denen ich begegnet war. Meine Eindrücke vom Himmel ergriffen immer mehr Besitz von mir.

Ich wurde depressiv. Jeder Tag war überschattet von der Enttäuschung, wieder hier auf der dunklen Erde sein zu müssen. Meine Gedanken drehten sich im Kreis. Was war mit mir geschehen? Warum hatte ich das erlebt? Ohne inneren Antrieb, ohne Interesse schleppte ich mich durch die Tage. Ruth begann, sich ernsthafte Sorgen um mich zu machen.

Dann kam der Tag, an dem der Staudamm brach, unvermittelt und ohne Vorankündigung. Meine Reise zum Himmel lag bereits fünf Monate zurück. Es war die letzte Woche im September, als mein Widerstand zusammenbrach und ich die ganze Geschichte vor Ruth ausschüttete. Ich weiß nicht, was der Auslöser war, aber plötzlich war ich am Erzählen.

Meine Ruth ist eine großartige Zuhörerin und an diesem Tag habe ich das mehr geschätzt als jemals zuvor in unserer Ehe.

Ich weinte. Sie weinte auch. Wir durchnässten viele Taschentücher. Immer wieder fingen wir von Neuem an zu weinen. Es dauerte Stunden, bis ich ihr alles erzählt hatte. Dann war ich endlich fertig. Alles war gesagt.

. . .

„Marv“, sagte sie eindringlich, als sie endlich Worte fand, „du bist ja wirklich reich beschenkt worden.“

Gemeinsam überlegten wir, wie es nun weitergehen könnte. Die Kinder sollten es zwar wissen, gleichzeitig aber versprechen, dass sie niemandem davon erzählen würden. Ansonsten ginge meine Erfahrung keinen anderen etwas an, stimmten wir überein. (Es ist rückblickend erstaunlich: Ich dachte immer noch, ich könnte diese Geschichte vom Himmel für mich behalten.)

Schon bald darauf luden wir die Kinder ein. Sie brachen nicht gerade in Begeisterungsstürme aus, aber sie hielten mich auch nicht für einen Lügner. Ihre Reaktion war irgendwo dazwischen.

Wie Kinder nun einmal sind – auch wenn sie schon erwachsen sind –, fragten meine Kinder am Ende der Geschichte: „Gut, und was jetzt?“ Natürlich waren sie überrascht und auch etwas ungläubig. Sie unterstellten mir nie, dass ich sie mit einer ausgedachten Geschichte anlügen würde. Aber vielleicht hielten sie das Ganze für einen Traum oder eine Halluzination. Auf jeden Fall würden alle nun etwas Zeit brauchen, um das Gehörte sacken zu lassen.

Mir war es nun leichter ums Herz, denn ich hatte meine Last mit meiner Familie geteilt. Ich dachte, damit wäre alles erledigt und ich könnte nun einfach warten, bis die beiden Engel wiederkämen, um mich zum zweiten Mal zu holen – dann aber endgültig.

Aber Gott hatte andere Pläne. Eigentlich merkte ich das ja auch. Doch Gott musste mir einen kleinen Fußtritt geben, um mich in die richtige Spur zu bringen, und der kam in der

Gestalt einer Bauchwandhernie. Ich musste deswegen zum Arzt. Gott sorgte dafür, dass ich nicht zu irgendeinem Arzt ging, sondern genau zu dem Arzt, der nicht nur meinen Körper versorgen, sondern auch meine leidende, widerspenstige Seele heilen konnte.

## Noch mal eins zu einer Million

Es ist quasi unmöglich, sich gegen Ruth durchzusetzen, wenn es um Fragen der Gesundheit geht. Verzweifelt versuchte ich, diese seltsame Beule zu verstecken, die plötzlich an meinem Bauch zu sehen war. Aber Ruth ließ sich nichts vormachen.

Die Beule wurde von Ruth als Bruch, genauer als Bauchwandhernie, identifiziert und sie vereinbarte sofort einen Termin beim Gastroenterologen. Sie dachte auch voraus und überlegte, dass wir wegen des Bruchs wahrscheinlich nicht in Arizona überwintern könnten. Genau deswegen hatte ich ihr das Ding überhaupt nicht zeigen wollen. Nach über vierzig gemeinsamen Jahren weiß ich, wie sie tickt. Allerdings geht das nicht nur mir so, sondern sie kennt mich ebenso gut.

Was blieb mir also anderes übrig, als zum Arzt zu gehen und ihm diese Ausstülpung an meinem Bauch zu zeigen? Ich plauderte mit dem Arzt über alles Mögliche, von wegen, es könnte einen Sturm geben, es würde ein sehr kalter Winter erwartet, und so weiter.

Er untersuchte mich und einigte sich mit Ruth auf zwei Punkte: Ich hatte wirklich einen Bruch und es kam nicht infrage, in diesem Zustand nach Arizona zu reisen und unter Palmen Golf zu spielen.

„Ich fahre auf jeden Fall“, erklärte ich trotzig.

„Nein, das tun Sie nicht“, widersprach er freundlich.

So ging es hin und her. War es Spaß? War es ein Streit? Egal, ich würde jedenfalls nicht nachgeben.

Ich saß auf dem Untersuchungstisch und ließ die Füße baumeln, er saß an seinem Schreibtisch und studierte meine Akte. Er wollte wissen, was in Ann Arbor gemacht worden war, denn vielleicht gab es einen Zusammenhang zwischen dem damaligen Eingriff und der jetzigen Hernie? Also erklärte ich ihm, dass ich an der Bauchspeicheldrüse operiert worden war wegen des seltenen gutartigen Tumors Insulinom. Auf meine Rückfrage, ob er das Wort Insulinom schon einmal gehört habe, schwieg er seltsam lange. „Ich hatte nie einen Patienten mit einem Insulinom“, sagte er sanft, „aber ich kenne jemanden, der diese Krankheit hatte.“

„Wer war es?“, fragte ich leichthin.

„Mein Bruder.“

Jetzt war ich baff und sprachlos. Immerhin ist die Häufigkeit, ein Insulinom zu bekommen, eins zu einer Million. Und nun hatte der Bruder meines Arztes das auch! Die Geschichte interessierte mich und ich begann, Fragen zu stellen, bis ich sah, dass ihm Tränen in den Augen standen.

Schließlich erzählte er mir, dass sein Bruder operiert werden sollte. Doch dann stellte man fest, dass der Krebs in einem fortgeschrittenen Stadium war. Er lebte danach nur noch drei Monate.

• • •

Jetzt kamen auch mir die Tränen, einerseits aus Mitgefühl mit meinem trauernden Arzt, andererseits war ich seit meiner Reise in den Himmel sowieso näher am Wasser gebaut.

Im Nachhinein würde ich sagen, dieser unerwartete „Zufall“, dass der Bruder des Arztes und ich an derselben Krankheit litten, stellte sofort eine gewisse Nähe zwischen uns her. Wir waren nicht mehr Arzt und Patient, sondern wir sprachen über tiefe persönliche Dinge, als würden wir uns schon seit Jahren kennen.

„Sind Sie Christ?“, fragte der Arzt mich unvermittelt.

Ich bejahte (wobei ich annehme, dass er es bereits geahnt hatte), woraufhin wir in eine lebhafte Diskussion über das Christentum, die Kirche und verschiedene theologische Fragen gerieten.

„Zwei Dinge beschäftigen mich im Zusammenhang mit dem Christentum besonders“, erklärte er nach einiger Zeit. „Was wissen Sie über die Hölle?“

„Eigentlich weiß ich nicht viel über die Hölle“, begann ich, „es gibt in der Bibel nicht viele Aussagen darüber. Auf jeden Fall ist sie ein schrecklicher Ort. Die Hölle kann man auch beschreiben als ein Leben in der Abwesenheit Gottes.“

Der Arzt sah jetzt nicht mehr auf die Uhr. Ich war schon viel länger im Behandlungszimmer, als das vom Praxisablauf her vorgesehen war. Was die armen Arzthelferinnen wohl den wartenden Patienten sagten?

Die nächste Frage des Arztes beendete meine Überlegung. Die meisten Patienten würden heute wohl nicht mehr an die Reihe kommen, denn er forderte mich auf: „Dann erzählen Sie mir doch mal, was Sie über den Himmel wissen.“

• • •

Jetzt? ... Was ich über den Himmel weiß? Wo sollte ich denn da anfangen? Und hatten wir nicht gerade beschlossen, dass außer Ruth und den Kindern niemand davon erfahren sollte? Aber nun forderte mich dieser Arzt, der erst seit ein paar Minuten mein Freund war, zum Erzählen auf ... Was sollte ich tun?

Während ich noch zögerte, räumte Gott auch meine letzten Zweifel aus. „Marv, das ist eine der Aufgaben, für die ich dich zurückgeschickt habe.“ Ich hörte seine Stimme! Akustisch! Er klang sogar ein bisschen streng, jedenfalls nicht so, als würde er einen Widerspruch dulden.

Seine Worte waren eindeutig. Das war also sein Auftrag für mich. Ich erzählte dem Arzt alles von Anfang bis Ende und brauchte etwa eine Stunde dafür.

Der Heilige Geist musste sein Herz auf diese Situation vorbereitet haben – er nahm jedes meiner Worte dankbar auf. Später habe ich versucht, auch anderen Ärzten meine Geschichte zu erzählen. Doch sie taten alles als Unsinn ab, ganz im Gegensatz zu diesem Mann. Er war wirklich vorbereitet auf meine Geschichte.

Endlich tauchten der Arzt und ich wieder aus dem Sprechzimmer auf, gingen zu einer Arzthelferin und legten den Termin für meine Operation fest. Unsere Augen waren gerötet und wir hatten eineinhalb Stunden in seinem Zimmer verbracht. Der Blick der Arzthelferin schien zu fragen: „Was um alles in der Welt war denn los?“

Es war sehr viel passiert, für jeden von uns. Ich hatte mich seit April gefragt, warum ich wieder zur Erde zurückgeschickt worden war. Nun hatte ich ganz unerwartet die Antwort bekommen. Dieses Arztgespräch, in Kombination mit der klaren

Stimme Gottes, ist der Grund, warum ich heute hier sitze und dieses Buch schreibe.

Ich muss manche Sachen mehrfach hören, bis ich sie verstehe. Ruth kann das bestätigen. Nun hatte mich Gott in seiner Güte erleben lassen, was er von mir wollte: Ich sollte möglichst vielen Menschen von meiner Zeit im Himmel erzählen.

Als ich das nächste Mal einen Termin bei diesem Gastroenterologen hatte, stellte er mich sofort seiner Mitarbeiterin vor: „Das ist der Mann, der mein Leben verändert hat", erklärte er ohne Umschweife.

Ich lächelte die junge Frau an, die uns ratlos gegenüberstand. „Und das ist der Mann, der mein Leben verändert hat."

Beide Aussagen stimmten. Ich vermute, dass der Arzt durch meine Geschichte den Glauben und die Sicherheit gewonnen hat, die durch seine Zweifel an einem Leben nach dem Tod gefehlt hatten.

Mir hatte das Gespräch mit dem Arzt indes gezeigt, warum Gott mich auf der Erde haben wollte. Ich sollte Leuten wie diesem freundlichen Arzt, der um seinen Bruder trauerte, eine Botschaft der Hoffnung bringen. Mein Auftrag war, Gottes Licht in der Dunkelheit zu entfachen. Gott hatte mir eine Botschaft gegen die Angst vor dem Sterben, eine Botschaft der Vorfreude auf unser zukünftiges Leben im Himmel gegeben.

Nach dem Besuch im Himmel war ich einige Monate lang bedrückt und ratlos gewesen. Jetzt endlich konnte ein neuer Lebensabschnitt beginnen, nämlich mein Leben nach der

Reise in den Himmel. Jedes Mal, wenn ich meine Geschichte mit jemandem teilen konnte, wurde mir neu bewusst, warum ich hier war.

Nach meinem Schlüsselerlebnis mit dem Arzt erzählte ich immer öfter vom Himmel. Der Groschen war gefallen. Unsere lieben Freunde Jack und Ruth hörten meinen Bericht, als wir gemeinsam den Winter in Arizona verbrachten. (Natürlich bin ich doch gegangen. Ich bin eben ein alter Dickkopf!). Bevor ich mit meiner Geschichte anfing, sagte ich zu Jack und Ruth, sie sollten Taschentücher bereitlegen. Deshalb dachten sie, ich würde ihnen eine neue Diagnose mitteilen, irgendeine unheilbare Krankheit oder etwas Vergleichbares. Als sie mir zuhörten, waren sie daher zuerst erleichtert, dann schockiert, und zuletzt brauchten sie die bereitliegenden Taschentücher, genau wie ich es vorhergesagt hatte.

Dann erzählte ich meinen Brüdern die Geschichte, erst dem einen, dann dem anderen. Für meinen Pastor in Michigan brauchte ich drei Treffen, bis ich ihm alles geschildert hatte. In der ersten Zeit fiel mir der Part mit Steve extrem schwer. Bis heute habe ich an der Stelle einen Kloß im Hals.

Aber ich weiß jetzt, was Petrus gemeint hat: Gott hat mich auf die Erde zurückgeschickt, um den Menschen seinen Frieden, Sicherheit und Trost weiterzugeben und sie daran zu erinnern, dass ihr ganz tiefes Ahnen und ihre Sehnsucht nach ewigem Leben und paradiesischer Herrlichkeit berechtigt sind. Meine Botschaft lautet: Diese sichtbare Welt ist nicht alles, es gibt das ewige Leben!

Ich weiß nicht, wie viel Zeit mir noch bleibt, um diese gute Nachricht zu verbreiten. Keiner weiß das von sich selbst.

Aber solange ich noch hier bin, will ich so vielen Menschen wie möglich vom Himmel erzählen, von Gott und von seinem Sohn, den ich auf dem herrlichen weißen Thron sitzen sah. Ich sah seine Herrlichkeit, wenn auch nur aus der Ferne.

12

# Bis wir uns wiedersehen

Als Petrus zu Gott ging, um mit ihm über mich zu reden, sah ich den Thron nicht sofort.

Es gab für mich in diesem Moment viele herrliche Dinge zu entdecken und trotzdem war alles kaum mehr als ein Vorgeschmack auf das, was „Gott bereit(-hält) für die, die ihn lieben“ (1. Korinther 2,9).

Während ich mit allen Sinnen aufnahm, was mich umgab, schweifte mein Blick über das ganze für mich sichtbare Panorama des Himmels und schließlich konnte ich auch den Thron Gottes erkennen: Gott saß darauf, zusammen mit seinem Sohn, um in Ewigkeit zu regieren.

Der Thron war über einen Kilometer von mir entfernt und von hellem Licht eingehüllt, herrliches, leuchtendes, weißes Licht.

Wie ich hier so sitze, in der irdischen Dunkelheit, kann ich mir dieses Licht kaum noch vorstellen. Doch dort oben konnte ich viel besser sehen, viel klarer, schärfer und auf viel größere Entfernung.

. . .

Der Thron war von riesigen weißen Säulen umgeben. Eine sehr große Menschenmenge war darum versammelt, Männer und Frauen, Jungen und Mädchen. Alle tanzten und sangen gemeinsam wie in einem gewaltigen Chor. Auch die Männer tanzten, mit erhobenen Armen. Alles galt den beiden Personen auf dem Thron.

Dieser Gedanke wird einigen meiner holländischen Freunde aus der reformierten Kirche nicht gefallen. Sie sollen tanzen und Gott mit erhobenen Händen anbeten? Unter Anbetung verstehen sie, dass man sich erhebt, das Liederbuch aufschlägt, ein Lied singt, das Buch schließt und sich wieder setzt. Trotz hingebungsvoller Liebe für Gott ist es in unseren Kreisen undenkbar, anbetend die Hände zu heben. Aber ich werde demnächst im Gottesdienst wohl alle provozieren und Gott mit erhobenen Händen Loblieder singen – sollen sie doch denken, was sie wollen.

Wahrscheinlich werden sie sagen: „Seit der gute alte Marv im Himmel war, ist er ein bisschen durchgeknallt."

Vielleicht haben sie damit sogar recht. Jedem wird es so gehen, der voller Staunen und Ehrfurcht am Fuß dieses Thrones ankommt und darauf die beiden Personen sitzen sieht, die ich nur aus der Ferne sah. Wir werden den heiligen Gott sehen, wir werden ihn anbeten und dabei werden uns eine Reinheit und eine Freude erfüllen, die wir auf Erden nicht einmal erahnen können.

Ich sah zwei Gestalten auf dem Thron, die nebeneinandersaßen und deren Aussehen ich nicht beschreiben kann. Mein erster Gedanke war, dass es Gott der Vater und Jesus sein mussten.

• • •

Wie gerne wäre ich näher getreten. Welch eine Aussicht – wir werden im Himmel Gott, unseren himmlischen Vater, und Jesus, seinen Sohn, der für uns gestorben ist, von Angesicht zu Angesicht sehen. Auch ich kann kaum glauben, dass das meine Zukunft sein wird.

Dann werden wir das Leben führen, zu dem Gott uns eigentlich geschaffen hat: ein Leben, wie es vor dem Sündenfall war, ein Leben ohne Stress, ohne Druck, ohne negatives Denken und Reden, ohne Angst, Furcht, Krankheit und Tod. Es wird uns nicht mehr interessieren, was andere über uns denken, und wir werden uns Dinge wagen, die wir jetzt nicht für möglich halten. Nehmt es mir nicht übel, Freunde, aber ihr werdet tanzen – und es wird euch überhaupt nichts ausmachen.

So ist der Himmel. In dem himmlischen Zuhause, wo es keine Sünde gibt, werden wir endlich völlig frei leben und fröhlich unserem Gott dienen. Wir werden all die Werke tun, die er für uns bereithält.

Vor meinem Abstecher in den Himmel hätte ich niemals für möglich gehalten, dass ausgerechnet ich ein Augenzeuge der Geheimnisse und der Herrlichkeit des Himmels werden könnte. Genauso wenig hätte ich mir vorstellen können, von Gott als Botschafter der Hoffnung und des Trostes zu den Menschen gesandt zu werden.

• • •

## War ich wirklich tot?

Als ich anfing, den Menschen von meiner Reise in den Himmel zu erzählen, wurde ich oft gefragt, ob ich denn wirklich tot gewesen sei oder ob ich nur einen Eindruck vom Leben nach dem Tod bekommen hätte, sozusagen als Vorgeschmack auf das Kommende. Kurz nachdem ich Ruth in meine Geschichte eingeweiht hatte, schrieben wir einen Brief an die Uniklinik in Michigan und versuchten herauszufinden, ob in jener Nacht etwas medizinisch auffällig bei mir war. Viele Leute, mit denen ich mein Erlebnis teilte, wollten einen Beweis sehen. Auch Ruth und ich wünschten uns das, sie als Krankenschwester noch mehr als ich. („So sind wir Krankenschwestern eben", erklärte sie mir.) Also baten wir um die Laborwerte, Röntgenbilder, OP-Berichte – sie schickten uns alles, was schriftlich dokumentiert war. Leider enthielt keines dieser Dokumente einen Hinweis darauf, dass ich tot gewesen bin. Eigentlich hatten wir ohnehin nicht damit gerechnet.

Die handschriftlichen Aufzeichnungen der Krankenschwestern stellte das Krankenhaus uns nicht zur Verfügung. Sie hätten uns vielleicht mehr Aufschluss geben können. Gerne hätten wir herausgefunden, warum zwei Krankenschwestern so eilig in mein Zimmer gerannt waren. Doch schon am Tag nach dem Vorfall hatte man Ruth gesagt, es sei alles okay gewesen.

Was ich in jenem Krankenhaus erlebt habe, war so ungewöhnlich, dass man es sowieso nicht beweisen könnte. Daher macht es mir nichts aus, dass ich kein Dokument mit Stempel und Unterschrift zu jener Nacht habe.

Letztlich weiß ich selbst nicht, was mir damals widerfahren ist und warum Gott mir dieses Geschenk gemacht hat. Auf jeden Fall durfte ich einen Blick in die zukünftige Welt erhaschen.

Gott will, dass ich meine Erfahrung mit anderen teile und die Einzelheiten ihm überlasse. Erst später, wenn ich wieder im Himmel bin, werde ich erfahren, wer von dieser Geschichte berührt und gesegnet wurde. Und ein paar Früchte hat er mich auch schon hier ernten lassen.

Nachdem die Hemmschwelle überwunden war und ich angefangen hatte, meine Geschichte jedem zu erzählen, der sie hören wollte, ließ ich mich auch von Kleingruppen einladen, um ihnen vom Himmel zu berichten. Ich sprach in Gemeindehäusern, bei Menschen zu Hause und in Hospizen. Oft suchten Menschen auch nach meinem Vortrag meine Nähe, um ihre eigenen, ähnlichen Geschichten zu erzählen, ihre Erlebnisse, die sie noch nie jemandem anvertraut hatten. Da waren Menschen, die von Engelsflügeln gestreift worden waren und den Himmel gesehen hatten. Manchmal kamen auch Menschen auf mich zu, die meine Geschichte getröstet oder dazu veranlasst hat, die Zielrichtung ihres Lebens zu verändern. Viele waren davon berührt, dass ich Babys gesehen habe, weil auch sie in ihrem Leben ein Kind verloren haben, vor langer Zeit schon oder erst vor Kurzem.

Einmal war ich zu Besuch bei einer Familie. Die Gastgeberin hatte verschiedene Verwandte und Freunde eingeladen, etwa zwanzig Personen, aber eigentlich ging es ihr nur um den einen Neffen, der sich vom Glauben und von der Gemeinde entfernt hatte.

• • •

Genau dieser junge Mann sagte am Ende des Abends zu mir: „Ich werde sicherstellen, dass ich Sie eines Tages dort an dem Tor treffe." Er hatte Tränen in den Augen. „Mir ist klar geworden, dass ich mich wieder einer Gemeinde anschließen muss, in der die Wahrheit über Jesus gepredigt wird."

Einmal sprach ich in einer großen Kirche. Hinterher kam ein zwölfjähriges Mädchen zu mir, nahm meine Hand und wollte mich nicht mehr gehen lassen. Sie weinte und weinte. „Ich möchte Ihnen sagen, dass ich mich heute entschieden habe, mich taufen zu lassen und mich der Gemeinde anzuschließen", sagte sie. „Werden Sie bitte dort an dem Tor auf mich warten?"

Kinder haben oft fantasievolle Fragen und sie sind sehr direkt, was mir gut gefällt.

„Wie fühlte sich der Boden unter Ihren Füßen an?"

„Hatten die Engel Flügel?"

„Wer kümmerte sich um die Babys?"

Viele Leute wollen mehr über die Babys erfahren und einige sehnen sich nach ihren verstorbenen Kindern. Einmal kam eine Frau zu Ruth und mir und erzählte uns von ihrem Sohn, der am plötzlichen Kindstod gestorben war. Egal wie viele Jahre so etwas zurückliegt, Eltern vergessen den Schmerz nicht. Die Sehnsucht nach dem Kind bleibt. Diese Mutter fand viel Trost in der Zusicherung, dass es den Babys im Himmel gut geht und dass sie alle gesund und glücklich sind. „Es tröstet mich sehr, wenn ich daran denke, dass er jetzt an einem schönen Ort ist."

• • •

## In der Abflughalle

Ich habe den tiefen Wunsch, den Menschen meine Geschichte zu erzählen. Wer weiß, wie viel Zeit mir dafür noch bleibt? Deshalb habe ich dieses Buch geschrieben, obwohl ich stattdessen eigentlich lieber Golf gespielt hätte. Ruth organisiert die Termine, wenn ich als Sprecher eingeladen werde. Das ist gut so, denn ich würde grundsätzlich jede Einladung annehmen. Sie behauptet, Gott hätte ihr den Auftrag gegeben, auf mich aufzupassen, sonst würde ich mich übernehmen. Also hören wir gemeinsam auf Gottes Stimme, während wir diese unbekannte Straße des Alltags mit ihm entlangfahren. Vor jeder Kurve beten wir um Leitung, Schutz und Weisheit.

Ich bin seit meiner Reise in den Himmel kein bisschen heiliger geworden, habe keinen Heiligenschein und schwebe auch nicht über dem Boden. Wenn ich versuchen würde, auf dem künstlich angelegten See draußen vor unserer Wohnung zu gehen, gäbe das ganz bestimmt nasse Füße. Ich bin immer noch der gleiche alte, siebzigjährige Sünder.

Aber wir fühlen uns Gott viel näher, Ruth und ich. Vielleicht liegt es daran, dass wir ihn bei jeder Kleinigkeit mit einbeziehen. Auch die ganz kleinen Dinge, die uns früher kein Gebet wert waren, bringen wir jetzt vor Gott. Auf jeden Fall bete ich ständig dafür, dass ich mit Gottes Hilfe jedem meine Geschichte erzählen darf, der sie hören soll.

Gestern zum Beispiel ging Ruth den ganzen Tag lang Golf spielen, während ich zu Hause einiges zu erledigen hatte. Da ging der Thermostat kaputt und die Klimaanlage fiel aus. Ich rief die Heizungsfirma an und ein junger Mann kam vorbei, um alles wieder in Gang zu setzen. Als er fertig war, sah der junge Mann ein Buch auf meinem Tisch liegen, das meine Co-Autorin geschrieben hat. Wir sprachen zuerst über dieses Buch. Dann erzählte ich ihm, dass dieselbe Frau derzeit auch mit mir ein Buch schreibt, in dem ich über meine Reise in den Himmel berichte. Er war sehr beeindruckt. Viele Leute reagieren so. Wir unterhielten uns noch ein paar Minuten und er erzählte mir, dass er katholisch erzogen worden sei, aber schon seit Jahren nicht mehr in die Kirche gehe. Vor Kurzem hatten er und seine Frau ein Baby bekommen und überlegten nun, ob sie um des Kindes willen wieder eine Kirche aufsuchen sollten. Anscheinend war meine Geschichte für ihn nun der Auslöser, um sich wieder dem Glauben zuzuwenden. Er verließ unsere Wohnung mit einem breiten Lächeln im Gesicht und einer DVD in der Hand, auf der ich meine ganze Geschichte erzähle.

Ein Teil meines Auftrages ist besonders kostbar, aber auch sehr belastend. Ich rede von meinen Begegnungen mit Menschen, die schon bald die Erde verlassen werden und denen ich erzähle, wie ihr Weg weitergehen wird. Diese Menschen stehen am Ausgang der Abflughalle, dem Departure Gate, und warten auf ihren Flug zum Himmel.

Vor Kurzem starb mein guter Freund Irv, was mir schier das Herz brach. Es war ein Geschenk, ihn gekannt zu haben. Irv hatte eine große Anziehungskraft auf Menschen und war vielen ein treuer Freund. Als er schließlich mit Krebs im Endstadium im Krankenhaus lag, bekam er so viel Besuch, dass das Pflegepersonal sich nur wunderte. Alle liebten Irv, ich auch.

• • •

Wie gut, dass ich weiß, wo er jetzt ist. Es tröstet mich, dass ich ihn ein wenig auf seine bevorstehende Reise einstimmen konnte. Bevor er starb, saß ich stundenlang an seinem Bett und erzählte ihm jede Kleinigkeit aus dem Himmel, an die ich mich erinnern konnte. Irv las sogar noch einen Teil dieses Buches, ehe er starb.

Wir hatten ausgemacht, dass derjenige von uns, der zuerst im Himmel ankommt, dort oben auf den anderen warten wird. Darüber sprachen wir oft.

Als Ruth und ich zu seiner Beerdigung gingen, kam uns eine Frau entgegen, mit der wir ebenfalls eng befreundet sind. Ihre ersten Worte waren: „Er wartet auf dich."

## Ein Chor aus Engeln und Heiligen

Seit ich aus dem Himmel zurück bin, höre ich jeden Tag etwas von dieser herrlichen, göttlichen Musik, die dort gespielt wurde. Meist höre ich sie nachts ein paar Minuten lang, wenn ich wach liege. Aber ich höre sie auch manchmal am Tag, wenn ich Golf spiele, Auto fahre oder lese.

Kaum hatte ich meinen Fuß auf den himmlischen Boden gesetzt, schon umgab mich eine Musik, die alles übertraf, was ich jemals gehört hatte: eine Million überirdischer Stimmen, tausend Orgeln und Klaviere! Die Musik umfing mich, als würde ich in Gnade eintauchen.

Auch Johannes hörte diese Musik, als er den Himmel sehen durfte: „Dann sah und hörte ich Tausende und Abertausende von Engeln, eine unübersehbare Zahl. Sie standen rund um den Thron und die vier mächtigen Gestalten und die Ältesten“ (Offenbarung 5,11).

Viele Menschen können nicht gut singen, aber im Himmel ist niemand mehr unmusikalisch. Dort singt niemand falsch. Wer schon immer einmal wie die Engel singen wollte, aber den Ton nicht halten kann, darf sich freuen: Es wird eine sehr schöne Zeit des Singens auf ihn zukommen.

Jeder Ton der himmlischen Musik dient zu Gottes Ehre und verherrlicht ihn. Ich hörte dort oben unendlich viele „Halle-lujas“.

Die meisten Lieder, die im Himmel erklangen, kannte ich bereits. Es waren die Lieder, die ich schon seit meiner Kindheit singe.

„Jesus, Jesus, Name über alle Namen ist der Name Jesus ...“

„Preis dem Namen Jesus ...“

„Heilig, heilig, heilig ...“

„Welch ein Freund ist unser Jesus ...“

Einmal stellte mir ein Pastor eine wirklich gute Frage über die himmlische Musik: „Wie ist es wohl für Menschen aus anderen Kulturen, die keine Chormusik kennen, vielleicht aus einem abgelegenen Stamm in Afrika?“, überlegte er. „Werden sie eine andere Musik hören, die ihnen vertraut ist und besser gefällt?“

Eine richtig gute Frage. Ich spekuliere nicht gerne über den Himmel, obwohl die Menschen mich mit ihren Fragen immer wieder dazu bringen wollen. Aber in diesem Fall werde ich es jetzt doch tun. Ja, ich halte es für möglich, dass jeder die Musik hören wird, die er kennt und die ihm gefällt. Wenn es im Himmel für alle Menschen wunderschön sein soll, stellt Gott, der die Musik geschaffen hat, vielleicht für jeden Menschen ein individuelles Programm an Lieblingsliedern zusammen.

Und womöglich hat sich die Musik im Himmel in dem Moment geändert, als ich wieder gegangen bin – so wie Petrus vermutlich mit der nächsten Person, die vor dem großen Tor wartete, in einer anderen Sprache redete.

Egal, welche Lieblingsmusik wir auf Erden haben, die himmlische Musik wird jeder lieben!

Wenn ich im Alltag etwas von der himmlischen Musik wiederfinde, dann sind es immer Ausschnitte aus Liedern, die mir im Himmel besonders gefallen haben. Bisher habe ich nur Lieder gehört, die genau meinen Geschmack getroffen haben.

Die Musik, die Gott für mich spielt, liebe ich so sehr, dass ich sie am liebsten jeden Tag rund um die Uhr hören würde – und später wird das auch so sein!

## Ich warte auf dich

Jesus sagt uns: „Ich bin der Weg, denn ich bin die Wahrheit und das Leben“ (Johannes 14,6). Jeder, der das glaubt, ist im Himmel willkommen.

Jesus ist eine reale Person und der Himmel ist ein tatsächlich existierender Ort. Tiefer Friede und grenzenlose Freude erwarten uns dort. Wir haben allen Grund, uns darauf zu freuen.

• • •

Im Himmel werden wir in vollkommene Liebe eintauchen. Jeder Mangel an Liebe, den wir auf Erden immer wieder gespürt haben, wird verschwunden sein. Der Himmel ist von Liebe erfüllt. Dort gibt es niemanden, der nicht liebt! Ich spürte die Liebe der Menschen in der Warteschlange vor dem Tor und ich war ebenfalls von Liebe zu ihnen erfüllt. Gleichzeitig fühlte ich mich von Gott und seinem Sohn geliebt.

Der Himmel besteht aus Liebe, reiner, vollkommener, absoluter Liebe. Diese Liebe werden wir für immer und ewig genießen.

Ich kann es kaum erwarten, bis ich wieder dort sein darf, und ich freue mich auf jeden Leser meines Buches, den ich dort am Tor treffen kann.

Damit endet mein Bericht. Ich verabschiede mich mit den Worten Jesu, der sich dort oben auf uns freut.

*»Gebt acht, ich komme bald, und euren Lohn bringe ich mit. Jeder empfängt das, was seinen Taten entspricht.*
*Ich bin das A und das O, der Erste und der Letzte, der Anfang und das Ende. [...]*
*Ich, Jesus, habe meinen Engel gesandt, um euch, den Propheten, zuverlässig mitzuteilen, was auf die Gemeinden zukommt. Ich bin der Wurzelspross und Nachkomme Davids. Ich bin der leuchtende Morgenstern.«*
*Der Geist und die Braut antworten: »Komm!« Wer dies hört, soll sagen: »Komm!« Wer durstig ist, soll kommen, und wer von dem Wasser des Lebens trinken will, wird es geschenkt bekommen. [...]*

• • •

*Der aber, der dies alles bezeugt, sagt: »Ganz gewiss, ich komme bald!«*
*Amen, komm, Herr Jesus!*
*Die Gnade unseres Herrn Jesus sei mit allen!*
*Offenbarung 22,12–21*

# Nachwort

Am 19. Dezember 2011 luden Marvin und ich seine Co-Autorin Lorilee zum Essen ein. Wir wollten ihr noch einmal etwas Gutes tun, ehe wir wieder ins warme Arizona reisen würden, wo wir schon seit einigen Jahren die Wintermonate verbrachten.

Sie hatte noch eine letzte Aufgabe für Marvin, was sein Buch betraf: Die Widmung und die Danksagung mussten noch zu Papier gebracht werden. Mit ihrer Hilfe schrieben wir diese letzten Worte und freuten uns, dass wir nun alles fertiggestellt hatten und das Buch in den Druck gehen konnte.

Wir aßen zusammen und redeten über das, was uns gerade beschäfigte. Dann umarmten wir uns zum Abschied und versprachen, per E-Mail in Kontakt zu bleiben. Marv hatte sehr gerne mit Lorilee zusammen an seinem Buch gearbeitet. Das Schreiben war für ihn aber auch eine große Anstrengung gewesen. Die Beschäftigung mit seiner Reise in den Himmel wühlte ihn sehr auf und kostete ihn viel Kraft. Dies galt ganz besonders für die beiden Kapitel, in denen er über unser Baby William und unseren Schwiegersohn Steve schrieb.

Ich wusste, dass Marv jetzt erleichtert war: Er hatte den Auftrag zu Ende gebracht, den Gott ihm gegeben hatte und für den er unfreiwillig aus dem Himmel zurückgekommen war. Nun würden wir uns in Arizona entspannen, Golf spielen und unsere Freunde besuchen.

Doch Gott hatte andere Pläne. Es waren inzwischen schon sechs Jahre vergangen, seit Marv von der Reise in den Himmel zurückgekehrt war, und er hatte sich die ganzen Jahre nichts sehnlicher gewünscht, als wieder an diesen herrlichen Ort gehen zu dürfen. Als wir uns an jenem Tag von Lorilee verabschiedeten, ahnten wir noch nicht, wie bald Marv endgültig dorthin gehen würde.

Am darauffolgenden Tag wurde Marv mit einer Lungenentzündung ins Krankenhaus eingewiesen, wo wir die Weihnachtswoche verbrachten. Er wurde zwar kurzzeitig entlassen, doch ein paar Tage später war er schon wieder in der Klinik. Dieses Mal war der andere Lungenflügel erkrankt. Marvin war sehr schwach und es fiel mir schwer, ihn so zu sehen. Gleichzeitig ging ich fest davon aus, dass er nur ein oder zwei Tage im Krankenhaus bleiben müsste. In dieser Zeit bekam ich über hundert E-Mails von Freunden und Verwandten, die sich nach Marv erkundigten. Er war hier auf der Erde sehr beliebt, doch im Himmel wurde er noch mehr geliebt.

Am 9. Januar bemerkte ich, dass Marvins linke Körperseite auffallend kraftlos war. Er konnte kaum sprechen und schaffte es nicht, die Hand des Arztes fest zu drücken. Auf den CT-Bildern war ein Blutgerinnsel zu erkennen, das sich in der rechten Seite seines Gehirns gebildet hatte. Er kam auf die Intensivstation.

Hier ein Auszug aus meiner E-Mail vom 13. Januar, die ich damals an unsere Freunde und Verwandten schickte:

*Es liegen schwere Tage hinter Marv. Am Mittwochabend zog er sich aus Versehen die Sonde, die ihn ernähren sollte. Heute wurde sie neu gelegt. Das Schlucken fällt ihm schwer. So braucht er die Sonde, um die vielen Medikamente einzunehmen und ernährt zu werden.*
*Er erkennt mich, ist aber sehr müde. Die Ärzte stehen in einem Zwiespalt. Wenn sie ihm die Medikamente gegen die Blutgerinnung geben, riskieren sie, dass es in der Umgebung des Blutgerinnsels im Kopf zu neuen Blutungen kommt. Geben sie keine Medikamente gegen die Blutgerinnung, können weitere Gerinnsel zu Embolien führen. So ist Marv weiterhin sehr krank und sein Leben ist in Gottes Hand.*

Marvs Zustand verschlechterte sich. Am 18. Januar musste ich die schwerste Entscheidung meines Lebens treffen – ob man die Sonde entfernen sollte oder nicht. Ich schrieb folgende E-Mail:

*Nach vielen Tränen, Gebeten und Fragen entschieden wir uns, Marv keine Medikamente mehr zu geben und die Ernährung einzustellen. Er bekommt jetzt nur noch Schmerzmittel… Die Entscheidung war sehr schwer, aber ich weiß, dass Marvin ein solches Leben nicht wollen würde. Diejenigen von euch, die seine Geschichte über seine Reise in den Himmel gehört haben, wissen von seiner Sehnsucht, dorthin zurückzukehren. Nun wird er bald dort sein, dieses Mal für immer.*

• • •

In den nächsten drei Tagen kamen viele Freunde und Verwandte, um sich von Marv zu verabschieden, darunter auch Lorilee. Tränen strömten über ihr Gesicht, als sie seine Hand hielt und ihm versicherte, dass nun bald wieder die beiden Engel kommen würden. „Wirst du mich am Tor erwarten?", fragte sie. Marv war kaum ansprechbar und sehr weit weg. Aber wir hörten beide, wie er „Ja" hauchte.

Unsere Kinder und Enkelkinder kamen, um Marv ein letztes Mal ihre Liebe auszudrücken.

Am 21. Januar 2012, um 18.15 Uhr, flog Marvin in den Himmel zurück. An seinem letzten Tag auf Erden blieb ich an seiner Seite. Dabei versuchte ich alles, um ihm seine Lage zu erleichtern, und sprach ihm flüsternd Bibelworte zu. Ich liebte ihn von ganzem Herzen. Doch er stand jetzt am Abflug-Gate und wartete auf die Engel, die ihn abholen würden.

Eine Freundin hatte mir das Andachtsbuch „Ich bin bei dir" von Sarah Young gegeben. Die Andacht für diesen Tag tröstete mich sehr. Ich las den Text auch Marvin vor, der nur noch wenige Stunden zu leben hatte:

*Ich möchte, dass du ganz mein bist. Ich befreie dich von anderen Abhängigkeiten. Deine Sicherheit findest du in mir allein, nicht in anderen Menschen, nicht in Umständen. Wenn du dich nur auf mich verlässt, dann gibt dir das vielleicht das Gefühl, als gingst du über ein Drahtseil, aber unter dir ist ein Sicherheitsnetz ausgebreitet: die Arme des Ewigen. Hab also keine Angst zu fallen. Schau einfach nach vorne, schau auf mich. Ich bin immer vor dir und lade dich ein weiterzugehen. Einen Schritt nach dem* *anderen. Weder Himmel noch Hölle, nichts in der ganzen Welt kann dich jemals trennen von meiner liebevollen Gegenwart.**

An diesem Tag empfing Gott sein Kind Marvin. Der Ewige schloss ihn in seine Arme. Mein geliebter Mann ist zur Ruhe gekommen und befindet sich jetzt an jenem Ort, nach dem er sich so gesehnt hatte.

Ob es wohl dieselben Engel waren, die ihn abgeholt haben?

Ob Petrus ihn wieder am Tor empfing? Wenn ja, worüber die beiden wohl redeten?

Ich weiß nicht, wie die Reise dieses Mal für Marv war, aber ich weiß, dass er nun mit unserem Sohn William und unserem Schwiegersohn Steve zusammen sein darf.

Dieses Mal öffnete sich die durchsichtige Tür für ihn, nun konnte er zu seinen Eltern, Großeltern und den vielen Freunden gehen.

Marv war zu uns zurückgeschickt worden, weil Gott noch eine wichtige Arbeit für ihn hatte.

Ich bin überzeugt, dass Gott mit dieser Aufgabe in erster Linie das Buch meinte, das Sie nun in den Händen halten. Am Tag, nachdem er das letzte Wort geschrieben hatte, wurde er krank und starb bald darauf. Davor hatte er noch rechtzeitig all seine Liebe zu Ihnen, den Lesern, in dieses Buch gepackt. Doch vor allem ist dieses Buch randvoll mit der Liebe des

---

* Saray Young: „Ich bin bei dir" (Asslar: Gerth Medien; Auflage: 11, 2015), S. 39

Vaters im Himmel zu Ihnen, der seinen dickköpfigen Diener extra zurückschickte, um dieses Buch für Sie zu schreiben.

In den letzten Jahren war Marvins sehnlichster Wunsch, dass möglichst viele Menschen den Frieden und die Herrlichkeit erleben würden, die im Himmel herrscht. „Der Himmel besteht aus Liebe, reiner, vollkommener, absoluter Liebe. Diese Liebe werden wir für immer und ewig genießen“, schrieb er auf den letzten Seiten. In dieser unbeschreiblichen Liebe bewegt Marvin sich jetzt.

Ruth Besteman
Byron Center, Michigan
9. Mai 2012

# Danksagung der Co-Autorin

Den folgenden Personen möchte ich meinen tief empfundenen Dank aussprechen:

Meinen wunderbaren Kollegen: Ann Byle, Alison Hodgson, Angela Blyker, Cynthia Beach, Shelly Beach, Sharron Carrns und Tracy Groot für unendlich viel Liebe und unermüdliche Unterstützung. Jana Olberg danke ich dafür, dass sie ihre geliebte Dagny mit mir geteilt hat.

Tracey Bianchi, Pastor David Beelen, Jamie Young, Gordy Van Haitsma. Ich danke meiner Literaturagentin Esther Fedorkevitch, die immer an diesem Projekt festgehalten hat und die Mark und Ruth so liebenswürdig behandelt hat. Danke an meinen alten und neuen Freund bei Baker Publishing, Dwight Baker, außerdem danke ich den Mitarbeitern aus der Verkaufsabteilung, aus dem Vertrieb, der Redaktion und der Werbeabteilung, auch danke ich der klugen und gebildeten Vicki Crumpton, die dieses Projekt vielen anderen vorgezogen hat.

Meine Liebe und mein Dank gelten auch meiner Familie: Linda Reimer, Ken und Linda Craker, meinem Ehemann Doyle und den Kindern Jonah, Ezra und Phoebe – es hat mir große Freude bereitet, das Stück Himmel, das Marv mir anvertraut hat, mit euch zu teilen.

Liebe Ruth Besteman: Vielen Dank für deine große Unterstützung in allen Bereichen des Buches. Ohne deine Hilfe hätten Marv und ich das Buch nicht schreiben können. Vielen Dank für deine Mitarbeit, Ermutigung, für alle wertvollen Anregungen, medizinischen Kenntnisse und dein großartiges Gedächtnis. Ich habe dich und Marv sehr in mein Herz geschlossen.

Lieber Marv: Vielen Dank, dass du mir deine Geschichte anvertraut hast. Es ist eine der ganz großen Auszeichnungen meines Lebens, dass ich dieses Buch mit dir zusammen schreiben durfte. Danke, dass du mich bei euch aufgenommen hast, als würde ich zur Familie gehören, danke, dass du während dieser ganzen gemeinsamen Zeit so liebenswürdig, lustig und aufgeschlossen warst. Ich vermisse dich, weiß aber auch, dass du jetzt strahlst wie die Sonne bei deinem Gott und deinen Lieben. Wenn ich nachkomme, wirst du mich bestimmt an dem großen Tor erwarten – mit einem großen Lächeln im Gesicht und einem lustigen Spruch auf den Lippen. Abwarten. Bis zu unserem Wiedersehen – vielen Dank und alles Liebe.

Lorilee Craker

MIX
Papier aus verantwortungsvollen Quellen
FSC® C014496

Verlagsgruppe Random House FSC® N001967
Das für dieses Buch verwendete FSC®-zertifizierte Papier
*Munken Premium Cream* liefert Arctic Paper Munkedals AB, Schweden.

Die amerikanische Originalausgabe erschien 2012 im Verlag
Revell, a division of Baker Publishing Group, USA,
unter dem Titel „My Journey to Heaven“.


1. Auflage 2015
Best.-Nr. 817057
ISBN 978-3-95734-057-3

Lektorat: Clarissa Gröschen
Umschlaggestaltung: Björn Steffens
Umschlagfoto: Shutterstock
Satz: Uhl + Massopust GmbH, Aalen
Druck und Verarbeitung: GGP Media GmbH, Pößneck
Printed in Germany